KB182207

Google

구글에서 배운
직장인 실무
컴퓨터 활용 45

Google DE MANANDA CHOSOKU PASOCON SHIGOTO JYUTSU

Copyright ⓒ 2019 Masahiro Inoue

Korean translation copyright © 2020 J-Pub Co., Ltd.
Original Japanese language edition published by SB Creative Corp.
Korean translation rights arranged with SB Creative Corp., through Danny Hong Agency.

구글에서 배운 직장인 실무 컴퓨터 활용 45
일잘러를 위한 윈도우, 엑셀, 파워포인트, 워드, 이메일 사용법

1쇄 발행 2020년 6월 15일
4쇄 발행 2022년 10월 11일

지은이 이노우에 마사히로
옮긴이 김연수
펴낸이 장성두
펴낸곳 주식회사 제이펍

출판신고 2009년 11월 10일 제406-2009-000087호
주소 경기도 파주시 회동길 159 3층 / **전화** 070-8201-9010 / **팩스** 02-6280-0405
홈페이지 www.jpub.kr / **원고투고** submit@jpub.kr / **독자문의** help@jpub.kr / **교재문의** textbook@jpub.kr

소통기획부 김정준, 이상복, 송영화, 권유라, 송찬수, 박재인, 배인혜
소통지원부 민지환, 이승환, 김정미, 서세원 / **디자인부** 이민숙, 최병찬

기획 및 진행 송찬수 / **교정·교열** 강민철 / **내지편집** 인투 / **내지 및 표지디자인** 최병찬
용지 신승지류유통 / **인쇄** 해외정판사 / **제본** 장항피앤비

ISBN 979-11-90665-19-3 (13000)
값 16,000원

제이펍은 독자 여러분의 아이디어와 원고 투고를 기다리고 있습니다. 책으로 펴내고자 하는 아이디어나 원고가 있는
분께서는 책의 간단한 개요와 차례, 구성과 저(역)자 약력 등을 메일(submit@jpub.kr)로 보내 주세요.

Google

구글에서 배운
직장인 실무
컴퓨터 활용 **45**

이노우에 마사히로 지음 | 김연수 옮김

차례

CHAPTER 1 깔끔한 작업 환경을 만드는 윈도우 10 기본 설정

CHAPTER 2 그동안 몰랐던 키보드와 마우스 조작의 기술

CHAPTER 3   엣지와 크롬에서 빠르게 정보 검색하기

CHAPTER 7   지금 바로 써먹는 효율적인 이메일 사용법

CHAPTER 8   컴퓨터를 최상의 상태로 유지하는 방법

CHAPTER 9   최고 효율을 달성하는 5가지 방법

옮긴이 머리말

여느 날과 크게 다르지 않은 평일 아침, 잠자리에서 일어나 출근 준비를 하고, 커피를 한 잔 사서 손에 들고 사무실 자리에 앉습니다. 자리에 놓인 컴퓨터 전원을 켜고 로그인 비밀번호를 넣은 후 Enter 를 누르면서 일은 시작됩니다.

바탕화면(데스크톱)을 가득 채운 아이콘, 화면 한쪽을 가득 채우는 알림 메시지, 언제 열었는지 알 수 없는 수많은 브라우저와 탐색기 창, 분명 며칠 전에 사용했지만 도저히 찾을 수 없는 작업 파일, 언젠가 본 것 같은데 막상 찾으려면 기억나지 않는 웹사이트, 메일함을 가득 채운 읽지도 못한 메일, 오랜 시간 작업 끝에 완성했지만 도저히 알아볼 수 없는 정리되지 않은 문서, 이런 상황을 매일 만나고 계시지는 않나요?

직장인에게 '효율성' 혹은 '생산성'이라는 용어는 시대를 막론하고 중요한 의미를 지녔지만, 정보가 범람하는 오늘날에는 그 중요성이 더욱 높아진 것 같습니다. 하지만 이런 말은 그저 '많은 일을 빠르게 해치워 내는 것'을 의미하는 것처럼 느껴지기도 합니다. '끊임없이 밀려드는 일 해결하기', '산더미처럼 쌓인 일 쳐내기'와 같은 말들이 인기를 얻는 것도 비슷한 맥락일 것입니다.

잠시 시간을 내서 여러분이 사용 중인 PC나 모바일 기기의 앱 마켓 혹은 앱스토어 등에서 '생산성' 카테고리를 방문해 보세요. 잠깐 들여다보더라도 얼마나 많은 애플리케이션이 '생산성' 향상을 돕는 목적으로 출시되었는지 놀라실 겁니다. 많은 직장인은 **업무를 빠르게 해결하고 싶은 마음에 하나둘, 혹은 더 많은 '생산성' 도구를 설치하여 사용하곤 합니다. 그러는 사이에 관리해야 할 것들은 또다시 점점 늘어납니다.**

우리는 무엇인가를 더하고 늘리는 데 대단히 능숙합니다. 최소한의 노력을 들여 최대한의 결과를 얻어내는 것이 효율성이나 생산성이라면, 이러한 '더함'은 분명 효율성이나 생산성을 높이는 데는 큰 도움이 되지 않을 것입니다. **무엇인가를 하기 위해 기존에 하던 것을 멈추고, 무엇인가를 찾기 위해 기존에 찾던 것을 그만두어 보는 것은 어떨까요?**

이 책은 우리가 날마다 사용하는 운영체제와 오피스 소프트웨어를 보다 효율적으로 사용하거나 아이디어를 효과적으로 정리하고 공유하는 방법을 소개합니다. 설명의 대상이 되는 윈도우 10과 오피스 제품군, 엣지와 크롬 브라우저는 이전 제품들보다 다양한 사용자 친화적 기능을 제공하며 호평을 받고 있습니다.

그렇지만 기본 설정된 항목들이 때로는 사용자의 주의를 분산시키기도 하지요. 이런 **소프트웨어들의 설정을 조금만 바꿈으로써 집중력을 유지하고 생산성을 높이는 환경을 효과적으로 만들어 낼 수 있을 것입니다.**

사람의 뇌가 하루에 처리할 수 있는 용량, 다시 말하자면 결정을 내릴 수 있는 횟수에는 한계가 있다고 합니다. **저자가 말하는 '시간 단축' 혹은 제가 이야기하는 '그만두기'의 개념을 다른 곳에 적용하면 그곳에서도 집중력을 높이고 원하는 것들을 보다 효율적이고 효과적으로 얻으실 수 있을 것입니다.** 어렵거나 복잡한 내용이 아닙니다. 그러니 산책을 하는 느낌으로 가볍게 읽어 보고 책의 아이디어 한두 가지씩 꾸준하게 적용해 보시면 좋을 것입니다. 그렇게 이 책이 여러분의 워라밸에 도움이 되길 바랍니다.

끝으로, 이 책을 번역할 수 있는 기회를 주신 제이펍 장성두 대표님, 예쁜 책을 만들어 주신 편집자 및 디자이너, 번역하는 동안 도움을 주신 모든 분께 감사드립니다. 그리고 책을 번역하는 동안 한결같은 사랑으로 곁을 지켜 준 아내와 세 아이에게도 너무나 감사합니다. 사랑합니다. 고맙습니다. 덕분에 삽니다.

김연수 드림

들어가며

이 책을 선택해 주셔서 고맙습니다! 처음 뵙겠습니다. 저자 이노우에 마사히로입니다. 이 책은 컴퓨터 전문가를 위한 책이 아닙니다. 또한, 실무에서 사용하기 어려울 듯한 다소 복잡한 테크닉을 모아 둔 책도 아닙니다. 어디까지나 **워라밸을 바라는 보통의 직장인 여러분을 위한 책**입니다.

필자는 원래 소프트웨어 엔지니어였습니다. 지금은 소프트웨어 엔지니어라는 직군을 모르는 분이 없겠지만, 제가 대학을 졸업한 직후에는 구글 본사에 입사한 첫 번째 일본인 엔지니어였습니다. 그렇게 커리어를 시작하면서 스스로를 굉장한 기술 오타쿠라고 생각하게 되었습니다. 이렇게 이야기하면 보통의 직장인보다는 컴퓨터나 인터넷에 관한 지식이나 정보를 더 잘 알고 있어서 내용도 어려울 거라 생각할 수도 있겠습니다. 하지만 이 책에서는 그런 어려운 기술은 전혀 다루지 않으니 미리 걱정하지 않아도 됩니다.

현재 필자는 파트너와 함께 벤처 기업에서 CEO로 비즈니스를 하고 있습니다. 즉, 지금은 여러분과 같은(?) 보통의 직장인인 것이지요. 이 책에서는 **구글에서 엔지니어로 일하면서 쌓은 경험이나 지식, 정보 등을 딱 필요한 만큼만 꺼내어 직장인에게 도움이 되는 업무 스킬을 정리**했습니다.

일반 직장인과 엔지니어라는 사뭇 다른 두 직군의 경험을 가진 사람이기에 쓸 수 있는 책이라고 생각합니다. 아무쪼록 즐겁게 읽어 주시면 좋겠습니다. 또한, 이 책의 9장에서는 구글에서도 실제 업무에 활용하고 있는, 최고 효율을 달성할 수 있는 5가지 방법에 관한 내용도 담았으니, 가급적 완독하시면 좋겠습니다.

시간 단축으로 얻을 수 있는 것은 무엇인가?

시간 단축이라는 말을 듣고 어떤 생각이 떠오르시나요? 야근 없이 일을 정시에 끝마친다, 너무 바빠서 버스를 기다릴 시간도 없이 비싼 택시를 타고 사무실로 복귀한다 등, 이런저런 생각이 머릿속에 떠오를 것입니다. 이 모든 생각에 공통적으로 적용할 수 있는 '시간 단축'이란 그 자체가 목적이라기보다는 **스스로 여유 시간을 늘리거나 다른 일을 할 시간을 늘리는 수단**이라는 것입니다.

그렇습니다. **시간 단축은 시간을 만들어 내는 기술입니다.** 여러분이 지금 어떤 일을 하고 있든, 미래에 어떤 다른 사람이 되든 하루가 24시간이라는 사실에는 변함이 없습니다. 지구상에 사는 모든 사람이 하루 24시간을 동일하게 사용할 수 있는 이상, **시간 단축은 누구에게나 언제나 유용한 기술임에 틀림없습니다.** 그렇다면 시간 단축은 단지 또 다른 일에 할애할 시간을 늘리기만 할 뿐일까요? 그렇지 않습니다. 시간 단축으로 업무 효율이 높아지면 다른 사람들보다 업무를 빠르게 마치거나, 같은 시간 동안 보다 많은 업무를 할 수 있어 일 잘하는 직장인으로 인정을 받게 될 것입니다. 승진이 빨라질 수도 있겠죠?

여기서 제가 경험한 것을 하나 소개해 보겠습니다. 구글에 갓 입사했을 무렵, 당시 소속 팀 기술 리더 역할을 했던 선배가 있었습니다. 가끔 제가 그에게 질문을 했는데, 그는 제가 에디터 설정을 이것저것 바꾸어서 빠르게 조작하는 것을 보더니, '마사, 그거 대체 어떻게 한 거야? 진짜 멋진데!'라고 말했던 것을 지금도 기억합니다(물론, 실제로는 영어로 말했겠지요). 그 이후 선배에게 조작 방법을 알려 주면서 선배와 더욱 돈독해졌습니다. 선배는 스탠퍼드 대학을 우수한 성적으로 졸업해 구글에 입사한, 그야말로 이야기 속에서나 만날 법한 엘리트였습니다. 제가 말하고 싶은 것은 그와 같은 **엘리트일지라도 알지 못하는 시간 단축 기법이 매우 많다**는 것입니다.

이 책은 업무 중 컴퓨터를 편리하게 사용할 수 있는 초중급의 팁들을 모아 둔 책입니다. 컴퓨터 사용에 많은 시간을 할애하는 분, 나름대로 컴퓨터를 개인화해서 사용하고 있는 분, 컴퓨터를 보다 효율적으로 사용하고 싶어 하는 분들을 대상으로 했습니다. 알고 나면 간단한 것들이지만, 지금 모르고 있는 사용법들을 알게 된다면 확실하게 시간 단축을 할 수 있는 기법들을 모았습니다. 시간 단축 기법을 몸에 익혀 둔다면 스스로에게는 물론 다른 사람들에게도 유용할 것입니다. 곤란에 처한 동료들에게 알려 준다면 분명 큰 감사를 받을 수 있으리라 생각합니다.

시간 단축과 관련된 이야기, 그리고 필자에 관한 이야기를 늘어놓았습니다만, **이 책이 어떤 형태로든 여러분의 일상에 도움이 된다면 행복할 것 같습니다.** 여러분께서 이 책을 선택해 주신 것 또한 무언가의 인연이라고 생각합니다. 다시 한번 고맙습니다. 이 책이 재미있고 유용한 책이 되길 바랍니다.

이노우에 마사히로 드림

1

깔끔한 작업 환경을 만드는
윈도우 10 기본 설정

01 윈도우 바탕 화면은 깔끔하게 정리하자

바탕 화면에는 휴지통만 남겨야 하는 이유

여러분이 사용하고 있는 윈도우 바탕 화면은 어떤가요? 혹시 언제 만들었는지 기억도 나지 않는 파일과 폴더가 복잡하게 뒤섞여 있지는 않나요? 다음 화면은 제가 사용하는 컴퓨터의 바탕 화면입니다.

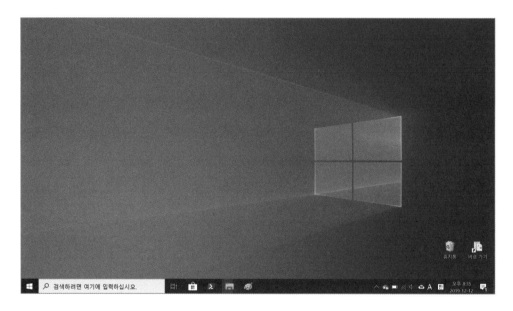

다른 파일은 모두 지우고 화면 오른쪽에 휴지통 아이콘과 '바로 가기' 아이콘 하나만 남겨 됐습니다. 저는 **바탕 화면에 휴지통 아이콘만 있는 게 가장 좋은 상태**라고 생각합니다. 기본적으로 바탕 화면은 사용 중인 소프트웨어나 프로그램(앱)을 표시하는 장소입니다. 바탕 화면에 불필요한 파일과 폴더가 어지럽게 널려 있다면 원하는 프로그램을 찾는 데 시간이 걸리기 마련입니다.

꼭 필요하거나 평소에 자주 사용하는 폴더가 있다면 굳이 무리해서 바탕 화면에서 모조리 삭제하거나 옮길 필요는 없습니다. 그러나 저의 시간 단축 기법을 적용하고자 하는 분들은 이제부터 설명하는 방법으로 바탕 화면을 정리해 보세요.

바탕 화면에 있는 모든 것은 '일단' 폴더에 넣자

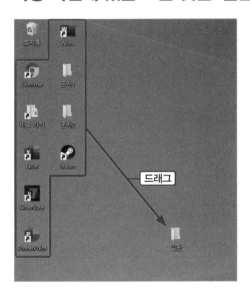

복잡한 바탕 화면을 정리하려면 일단 휴지통 아이콘 이외의 모든 아이콘을 한 폴더에 일시적으로 옮겨 보세요. 여기서는 '일단'이라는 새 폴더를 만들어 바탕 화면에 있던 파일들을 모두 이곳으로 옮겼습니다.

이제 그 상태로 1~2주가량 업무를 진행해 보세요. 바탕 화면에 있던 바로 가기나 폴더 중에서 찾기 어려운 것이 얼마나 있나요? 여기에 해당하는 것들이 바로 여러분이 빈번하게 사용하는 프로그램 및 폴더입니다.

이 가운데 특히 자주 사용하는 파일은 작업 표시줄에 고정해 둡니다(16쪽 참조). 자주 사용하는 폴더는 파일 탐색기의 '바로 가기'에 등록합니다(19쪽 참조). 이렇게 필요한 것들만 정리해 두면 바탕 화면에 있던 나머지 바로 가기, 폴더, 파일은 대부분 불필요하게 되며, 원하는 프로그램, 폴더 혹은 파일을 단숨에 찾아 열 수 있습니다.

이제 '일단' 폴더에 넣어 둔 불필요한 바로 가기 등은 삭제합니다. 혹시 이런 방법이 여러분에게 별로 유용하지 않다면 '일단' 폴더에 있던 것들을 바탕 화면으로 되돌려 예전처럼 사용해도 됩니다.

02 자주 쓰는 프로그램과 폴더 바로 열기

바탕 화면에 바로 가기나 폴더, 파일을 놓아두지 않더라도 각 기능을 즉시 실행할 수 있는 세 가지 방법이 있습니다.

1. 작업 표시줄에 프로그램 고정하기
2. 검색 창에서 프로그램 찾기
3. 파일 탐색기의 '바로 가기'에 프로그램 고정하기

작업 표시줄에 프로그램 고정하기

바탕 화면 아래 작업 표시줄을 보면 이미 몇몇 프로그램이 고정돼 있을 것입니다. 우선 그 중에서 불필요한 프로그램은 고정을 해제합니다. 이후 실제로 자주 사용하는 프로그램을 작업 표시줄에 고정합니다.

> **MEMO**
> 작업 표시줄에 남기는 아이콘 개수는 한눈에 보고 실행할 수 있는 정도로 제한하는 것이 좋습니다.

01 작업 표시줄에서 제거할 프로그램 아이콘에 마우스 오른쪽 버튼을 클릭하고 '작업 표시줄에서 제거'를 선택합니다.

02 작업 표시줄에서 아이콘이 사라집니다.

03 작업 표시줄에 고정할 프로그램을 실행합니다. 여기서는 크롬(Chrome)을 실행했습니다. 작업 표시줄에 실행한 프로그램 아이콘이 표시됩니다.

04 크롬 아이콘에서 마우스 오른쪽 버튼을 클릭하고 '작업 표시줄에 고정'을 선택합니다. 이제 크롬 작업 창을 끄더라도 크롬 아이콘이 작업 표시줄에 계속 표시됩니다.

05 고정한 프로그램 아이콘은 드래그&드롭으로 위치를 바꿀 수 있습니다. 자주 사용하는 정도에 따라 왼쪽에서 오른쪽 순서로 정리하면 편리합니다.

검색 창에서 프로그램 찾기

자주 사용하지 않아 바탕 화면에서 지웠지만 한 달에 한두 번 정도는 꼭 사용하는 프로그램이 있나요? 이런 프로그램은 시작 메뉴 옆에 위치한 검색 창에 프로그램의 이름을 입력해서 찾아 실행해 보세요.

01 바탕 화면에서 검색 창을 클릭합니다.

검색 창이 보이지 않는다면?

윈도우 화면 하단에 검색 창이 보이지 않는다면 작업 표시줄에서 마우스 오른쪽 버튼을 클릭한 뒤 '검색' ➡ '검색 상자 표시'를 선택합니다.

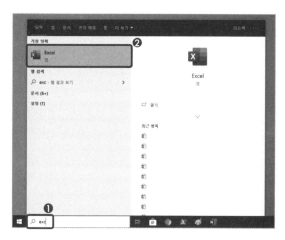

02 검색 창에 프로그램 이름을 입력합니다. 여기서는 'Excel'을 입력했습니다. 검색 결과에 'Excel'이 표시됩니다. 실행할 프로그램을 선택합니다.

03 엑셀 프로그램이 실행됩니다.

파일 탐색기의 '바로 가기'에 프로그램 고정하기

자주 사용하는 폴더나 파일은 파일 탐색기의 '바로 가기'에 고정해서 즉시 열 수 있습니다. '바로 가기'는 파일 탐색기 메뉴 중 왼쪽 탐색 창의 상단에 표시됩니다.

01 파일 탐색기를 실행합니다. ⊞+E를 누르면 파일 탐색기를 열 수 있습니다. 왼쪽 탐색 창에서 '바로 가기'에 등록할 임의의 폴더를 엽니다.

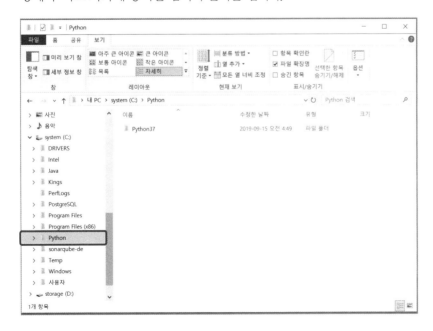

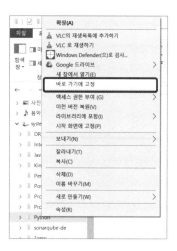

02 해당 폴더에서 마우스 오른쪽 버튼을 클릭하면 메뉴가 표시됩니다. 이 가운데 '바로 가기에 고정'을 선택합니다.

03 왼쪽 탐색 창에 표시된 '바로 가기' 아래를 보면 앞서 고정한 폴더가 표시됩니다. 원하는 폴더를 클릭하면 선택한 폴더가 열립니다.

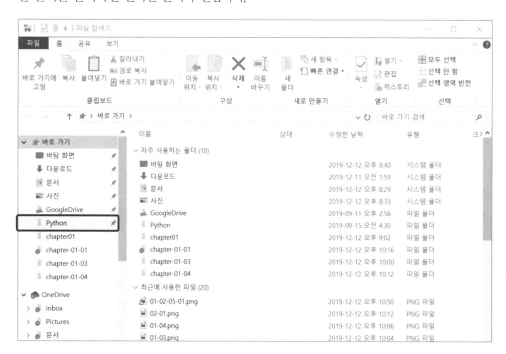

03 최적화된 화면을 위한 불필요한 기능 없애기

윈도우 화면에서 불필요한 기능이나 표시를 없애 조작 실수를 줄이고, 원하는 내용이 가장 빠르게 표시되도록 설정합니다.

시작 화면 아이콘 표시하지 않기

'시작' 버튼을 클릭해 시작 메뉴를 열면 타이틀 오른쪽에 시작 화면이 표시됩니다. 시작 메뉴를 열 때마다 타일 모양의 아이콘으로 표시되는 시작 화면을 없앨 수 있습니다.

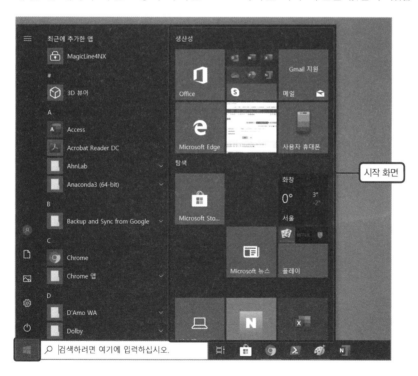

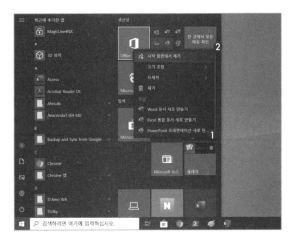

01 시작 화면 아이콘 위에서 마우스 오른쪽 버튼을 클릭합니다. '시작 화면에서 제거'를 선택합니다. 같은 작업을 모든 아이콘에 반복해서 시작 화면을 비우세요.

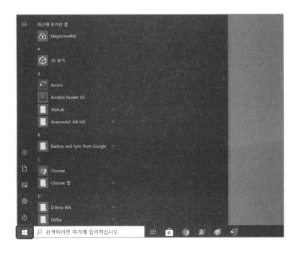

02 '시작' 버튼을 클릭하면 시작 화면이 사라집니다.

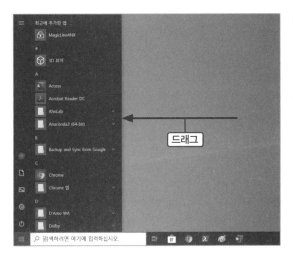

03 자동으로 오른쪽 빈 영역이 사라지지 않는다면 시작 화면 오른쪽 끝에 마우스 포인터를 올리고 왼쪽으로 드래그합니다.

불필요한 프로그램 삭제하기

이제까지 한 번도 사용하지 않았거나 앞으로 사용할 일이 없는 프로그램은 삭제합니다. 삭제해야 할지 판단이 서지 않는다면 일단 그대로 남겨 두어도 좋습니다. 시작 메뉴에서 '설정' 버튼을 클릭한 뒤 열리는 프로그램 화면에서 프로그램을 삭제할 수 있습니다.

01 '시작' 버튼을 클릭하고 '설정' 버튼을 클릭합니다.

02 Windows 설정 화면이 나타납니다. '앱'을 클릭합니다.

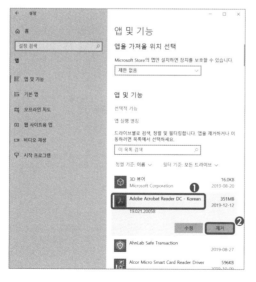

03 '앱 및 기능' 목록에서 삭제할 프로그램을 선택하고 '제거' 버튼을 클릭하면 해당 프로그램이 삭제됩니다.

> **MEMO**
> 프로그램마다 동작이 다르므로, 화면에서 표시되는 메시지에 따라 삭제를 진행하세요.

컴퓨터를 시작할 때 자동으로 실행되는 불필요한 프로그램 삭제하기

시작 프로그램에 등록된 프로그램은 윈도우가 시작됨과 동시에 실행됩니다. 항상 사용하는 프로그램이라면 따로 실행하지 않아도 돼서 편리하겠지만, 거의 사용하지 않는 프로그램이 시작 프로그램에 등록되어 있다면 그만큼 메모리를 낭비하게 됩니다. 이런 프로그램들을 시작 프로그램에서 제거합니다.

01 '시작' 버튼을 클릭하고 '설정' 버튼을 클릭합니다.

02 Windows 설정 화면에서 '앱' 을 클릭합니다.

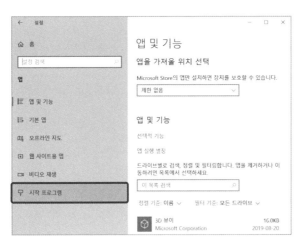

03 왼쪽 메뉴에서 '시작 프로그램' 을 선택합니다.

04 '시작 프로그램' 목록에서 각 프로그램의 오른쪽 스위치 버튼을 클릭해 '끔'으로 변경합니다.

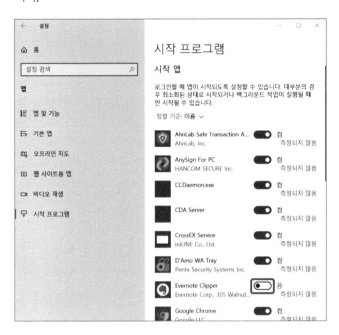

04 업무 집중을 위한
불필요한 알림 표시 없애기

윈도우 알림 끄기

컴퓨터로 작업하는 중에 윈도우나 프로그램에서 알림이 오는 경우가 있습니다. '컴퓨터가 외부로부터 공격을 받고 있습니다', '바이러스에 감염되었습니다'처럼 중요한 알림은 당장 확인해야겠지만 대부분의 알림은 나중에 확인해도 별 문제가 없습니다. 불필요하거나 급하지 않은 알림 때문에 방해받고 싶지 않다면 윈도우 알림 기능을 기본 '끔'으로 설정하고, 알림이 있다면 나중에 확인해서 처리해도 됩니다.

01 시작 메뉴에서 '설정' ➡ '시스템' ➡ '알림 및 작업' 순서로 클릭합니다. '앱 및 다른 보낸 사람의 알림 받기'를 '끔'으로 설정하면 모든 알림이 해제됩니다.

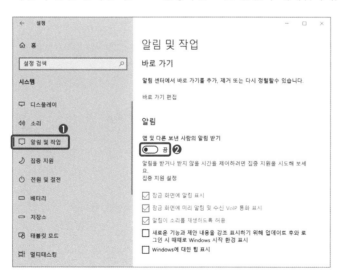

02 이번에는 시작 메뉴에서 '설정' ➡ '시스템' ➡ '집중 지원' 순서로 클릭합니다. '우선 순위만'으로 설정합니다.

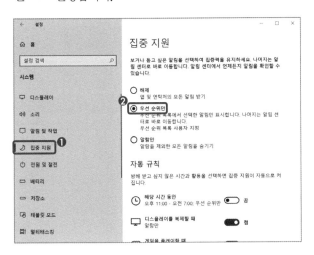

프레젠테이션 중 알림 끄기

파워포인트를 이용해 프레젠테이션을 진행할 때 자신의 컴퓨터와 연결한 다른 디스플레이나 스크린에 화면을 복제하는 경우가 있습니다. 발표 중에 화면에 알림 표시가 나오면 곤란하겠지요. 이때 발표에 방해가 되지 않도록 윈도우 알림이 뜨지 않게 할 수 있습니다.

01 시작 메뉴에서 '설정' ➡ '시스템' ➡ '집중 지원' 순서로 클릭합니다. '자동 규칙'의 '디스플레이를 복제할 때'를 '켬'으로 설정합니다.

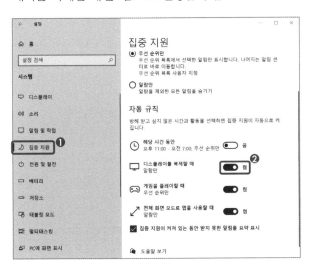

MEMO
초기 설정 값은 '켬'이지만 만일을 대비해
확인해 둡니다.

05 파일을 실행하는 연결 프로그램 지정하기

워드(MS Word)로 작성한 파일을 더블클릭해서 열면 자동으로 워드가 실행되어 파일을 엽니다. 또한 디지털카메라로 촬영한 사진이나 인터넷에서 다운로드한 이미지 파일을 더블클릭하면 '사진' 프로그램이 실행되어 해당 사진을 표시합니다. 이는 파일 유형별로 어떤 프로그램을 사용해 해당 파일을 열 것인지 연결되어 있기 때문입니다.

하지만 동영상 파일을 다른 프로그램에서 열거나, 텍스트 파일을 메모장이 아닌 다른 편집기 프로그램으로 열어 편집하고 싶을 수도 있습니다. 이런 경우에는 파일 유형별로 해당 파일을 여는 기본 프로그램을 지정해 두는 것이 좋습니다.

파일 열기 프로그램 지정하기

파일 연결 설정은 사용자가 자유롭게 변경할 수 있습니다. 특정한 유형의 파일을 여는 프로그램을 설정하려면 파일 연결 속성을 수정합니다.

01 설정을 변경하고자 하는 파일 유형의 아이콘을 선택하고 마우스 오른쪽 버튼을 클릭한 뒤 '속성'을 선택합니다.

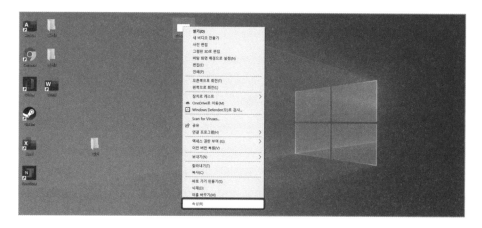

02 [파일명] 속성 화면에서 '연결 프로그램' 오른쪽의 '변경' 버튼을 클릭합니다.

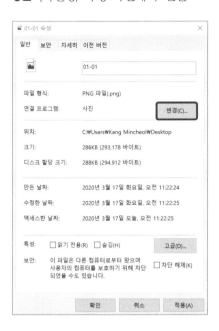

03 '앞으로 .png 파일을 열 때 사용할 방법을 선택하세요.'가 표시되면 '기타 옵션' 목록에서 지정하고자 하는 프로그램을 선택한 뒤 '확인' 버튼을 클릭합니다.

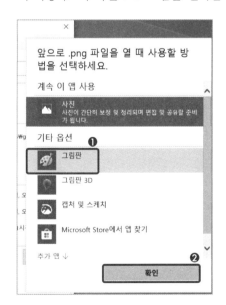

> **MEMO**
> 설정 이후 해당 파일을 열면 지정한 기본 프로그램에서 파일이 열립니다. 가령 여기서 '그림판'으로 설정했다면 앞으로 .png 파일을 클릭할 때 사진 프로그램이 아닌 그림판으로 그림 파일이 실행됩니다.

이번에만 다른 프로그램에서 파일 열기

가끔 지금 한 번만 다른 프로그램을 사용해 파일을 열어야 하는 경우도 있습니다. 이런 경우에는 '다른 앱 선택'을 사용해서 파일을 엽니다.

01 파일 아이콘에서 마우스 오른쪽 버튼을 클릭하고 '연결 프로그램'을 선택한 뒤 이어서 표시되는 메뉴에서 파일을 열 연결 프로그램을 선택합니다. 원하는 프로그램이 보이지 않으면 '다른 앱 선택'을 선택합니다.

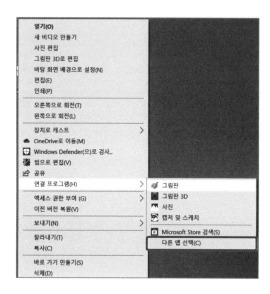

02 '기타 옵션' 목록에서 파일을 원하는 연결 프로그램을 선택한 뒤 '확인' 버튼을 클릭해 파일을 열 수 있습니다.

> **MEMO**
> 옆 화면에서 '항상 이 앱을 사용하여 .png 파일 열기'에 체크한 뒤 선택한 프로그램을 파일을 열면 그 프로그램이 해당 파일과 연결됩니다.

06

마우스 이동과
문자 입력 반응 속도 높이기

컴퓨터를 쓰면서 이제까지 단 한 번도 마우스나 키보드 설정을 변경한 적이 없는 사람도 많을 것입니다. 작업하면서 마우스 포인터가 움직이는 속도가 느리거나 키보드로 입력할 때 문자를 표시하는 속도가 느리다고 느낀 적은 없나요? 그렇다면 마우스 및 키보드 설정을 수정해 보세요.

마우스 포인터 이동 속도 설정하기

마우스 조작에 걸리는 시간을 가능한 한 단축하려면 마우스 포인터 이동 속도를 '가장 빠르게'로 설정할 수 있습니다. 포인터의 움직임이 너무 빨라 다루기 어렵다면 자신이 원하는 속도로 늦추는 것도 좋습니다.

01 '시작' 버튼을 클릭하고 'Windows 시스템' ➡ '제어판'을 선택합니다.

02 제어판에서 '보기 기준'의 '범주'를 '큰 아이콘' 혹은 '작은 아이콘'으로 변경합니다.

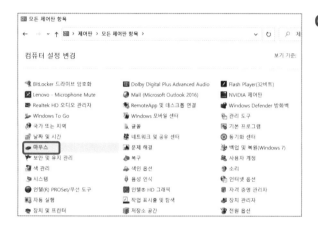

03 '마우스'를 클릭합니다.

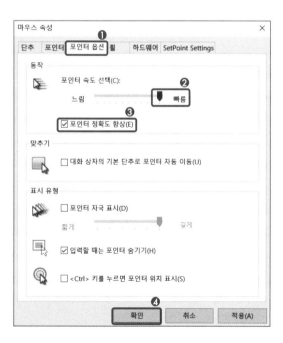

04 마우스 속성 화면에서 '포인터 옵션' 탭을 엽니다. '동작'의 '포인터 속도 선택'을 '빠름'으로 설정합니다. 이때 '포인터 정확도 향상'에도 체크를 해 둡니다. 마우스 속도가 원하는 수준이 되었다면 '확인' 버튼을 클릭하세요.

문자 입력 반응 속도 설정하기

01 이번에는 제어판에서 '키보드'를 클릭합니다.

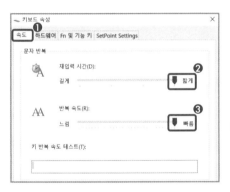

02 키보드 속성 화면의 '속도' 탭을 엽니다. '문자 반복'의 '재입력 시간'은 '짧게'로 바꾸고 '반복 속도'는 '빠름'으로 조정합니다.

> **MEMO**
> 재입력 시간이란 키보드의 키를 누르고 다음 키를 누를 때까지 걸리는 대기 시간을 말하며, 반복 속도는 같은 키를 눌렀을 때 해당 키의 문자가 연속으로 입력되는 시간을 말합니다.

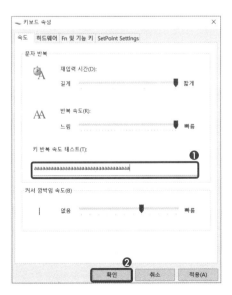

03 '키 반복 속도 테스트' 란을 클릭하고 문자를 입력해 속도 조정 결과를 확인합니다. 적절한 속도가 되었다면 '확인' 버튼을 클릭합니다.

07 자리를 비울 때는 항상 화면을 잠그자

업무 중 자리를 비울 때는 컴퓨터 화면을 잠그도록 합니다. 화면을 잠그지 않은 채로 두면 누군가가 내 컴퓨터 화면을 보거나 마음대로 조작할 수도 있고 경우에 따라서는 기밀 정보가 유출될 위험도 있습니다.

구글에서는 전사적으로 '회사 기밀 데이터는 개인이 아닌 팀과 조직이 보호한다'라는 원칙을 지키고 있습니다. 개인의 실수 때문에 회사에 막대한 손실을 주거나 큰 사고가 발생하지 않도록 엄격하게 정보를 관리합니다. 그래서 직원들은 자리를 비울 때 필수적으로 화면 잠그기를 해야 했습니다.

컴퓨터 화면 잠그기

키보드에 ⊞가 있다면 컴퓨터 화면을 잠그는 방법은 매우 간단합니다. 자리를 비우기 전 ⊞+ L 만 누르면 화면 잠금이 실행됩니다.

화면 잠금 단축키 지정하기

■가 없는 키보드를 사용하는 경우, 시작 메뉴의 '계정'에서 '잠금'을 선택하거나 Ctrl + Alt + Delete 를 눌러 표시되는 화면에서 '잠금'을 선택해야 합니다. 하지만 ■ + L 을 누르는 것에 비해 아무래도 귀찮습니다. 이런 경우에는 단축키를 지정해서 간단하게 화면 잠금을 실행할 수 있습니다.

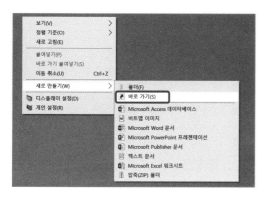

01 바탕 화면에서 마우스 오른쪽 버튼을 클릭하고 '새로 만들기' ➡ '바로 가기' 순서로 선택합니다.

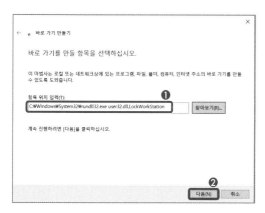

02 바로 가기 만들기 화면에서 '항목 위치 입력' 란에 'C:₩Windows₩System32₩rundll32.exe user32.dll,LockWorkStation'을 입력한 뒤 '다음' 버튼을 클릭합니다.

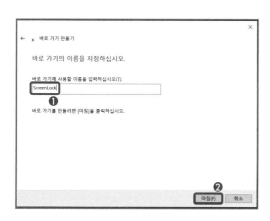

03 '바로 가기에 사용할 이름을 입력하십시오' 란에 임의로 'ScreenLock'을 입력하고 '마침' 버튼을 클릭합니다.

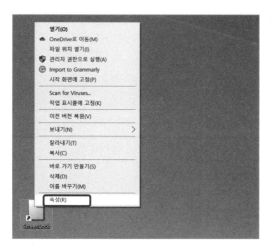

04 바탕 화면에 만들어진 'ScreenLock' 바로 가기 아이콘에서 마우스 오른쪽 버튼을 클릭하고 '속성'을 선택합니다.

05 ScreenLock 속성 화면에서 '바로 가기 키' 란을 클릭한 뒤 Ctrl + Alt + L 을 동시에 누릅니다. '확인' 버튼을 클릭합니다.

이제 Ctrl + Alt + L 이 화면 잠금 단축키로 지정됩니다. 바로 가기 아이콘을 더블클릭하거나 지정한 단축키를 눌러 화면 잠금을 실행할 수 있습니다.

절전 기능 단축키 지정하기

저는 업무를 마치고 집으로 돌아갈 때 컴퓨터 전원을 끄지 않고 절전 모드를 실행해 둡니다. 그래서 절전 기능도 단축키로 지정해 사용하고 있습니다. 일반적으로 절전 기능은 '시작' ➡ '전원' ➡ '절전' 순서로 선택해야 하지만, 단축키를 지정해 두면 간단하게 컴퓨터를 절전 모드로 전환할 수 있습니다.

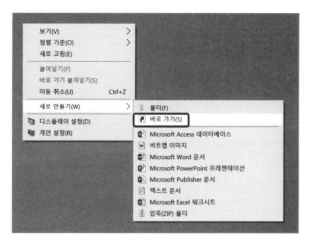

01 바탕 화면에서 마우스 오른쪽 버튼을 클릭하고 '새로 만들기' ➡ '바로 가기' 순서로 선택합니다.

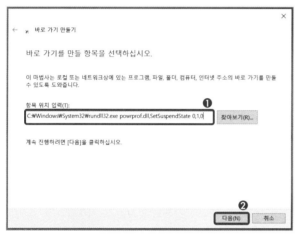

02 바로 가기 만들기 화면에서 '항목 위치 입력' 란에 'C:₩Windows₩System32₩rundll32.exe powrprof.dll,SetSuspendState 0,1,0'을 입력한 뒤 '다음' 버튼을 클릭합니다.

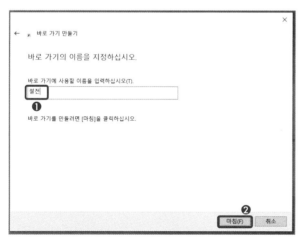

03 '바로 가기에 사용할 이름을 입력하십시오' 란에 임의로 '절전'을 입력하고 '마침' 버튼을 클릭합니다.

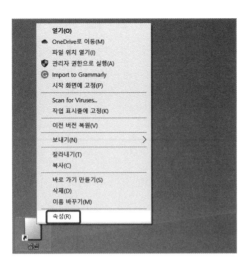

04 바탕 화면에 만들어진 '절전' 바로 가기 아이콘에서 마우스 오른쪽 버튼을 클릭하고 '속성'을 선택합니다.

05 절전 속성 화면에서 '바로 가기 키' 란을 클릭한 뒤 Ctrl + Alt + S 를 동시에 누릅니다. '확인' 버튼을 클릭합니다.

이렇게 하면 화면 잠금을 실행할 때와 마찬가지로 Ctrl + Alt + S 로 절전 모드를 실행할 수 있습니다. 물론 바로 가기 아이콘을 더블클릭해도 동일하게 동작합니다. 지금까지 지정한 단축키를 조합은 저에게 익숙한 것이므로 자유롭게 변경할 수 있습니다. 여러분에게 편한 단축키로 지정해 보세요.

2

그동안 몰랐던 키보드와
마우스 조작의 기술

08 손 빠른 직장인의 주력 무기는 키보드

손가락은 키보드의 '기본 위치'에 두자

업무에서 컴퓨터를 사용한다면 대개 키보드로 문자를 입력하는 작업을 가장 많이 수행할 것입니다. 문자를 잘 입력하는 것만으로도 작업 효율이 크게 높아집니다. 문자를 빠르게 입력하는 핵심은 키보드의 '기본 위치'를 활용하는 것입니다. 키보드에서 기본 위치란 F와 J를 말합니다. 왼손 검지손가락(두 번째 손가락)은 F, 오른손 검지손가락은 J에 가볍게 올려두세요. 원하는 키를 눌러 문자 입력을 마치고 나면 손가락을 즉시 F와 J 위로 다시 올려놓습니다.

이때 기본 위치에서 가급적 손가락을 움직이지 않고, 움직인 후에는 가능한 한 빠르게 원래 자리로 돌아오는 것이 중요합니다. 기본 위치에서 손가락이 멀리 떨어져 있는 시간이 길수록 문자를 입력하는 시간이 오래 걸리니 주의합니다.

왼손 검지손가락은 F, 오른손 검지손가락은 J에 위치

행, 문장, 단어 사이를 빠르게 이동하기

문자를 입력하거나 수정하는 도중 행, 문장, 단어 사이에 문자 커서를 이동할 때 마우스로 원하는 위치를 클릭하는 것보다 키보드를 사용하는 편이 10배 빠릅니다. 아래 소개하는 단축키는 매우 간단하니 익숙해질 때까지 계속 연습해 보세요.

예를 들어 문장에서 문자 커서를 조금씩 이동할 때는 방향키 ⬆️, ⬇️, ⬅️, ➡️를 사용하면 좋습니다. 많은 범위를 이동할 때는 다음 단축키를 사용해 보세요.

- 커서를 행의 맨 처음으로 이동: [Home]

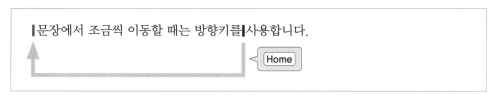

- 커서를 행의 맨 끝으로 이동: [End]

문장에서 조금씩 이동할 때는 방향키를 사용합니다. [End]

- 커서를 문장의 맨 처음으로 이동: [Ctrl] + [Home]

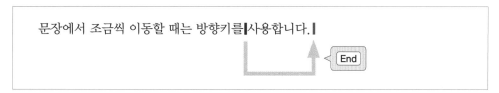

- 커서를 문장의 맨 끝으로 이동: [Ctrl] + [End]

많이 이동할 때는 단축키를 사용합니다.
문장에서 조금씩 이동할 때는 방향키를 사용합니다. [Ctrl] + [End]

이런 단축키를 이용하면 마우스 스크롤 혹은 마우스 클릭을 사용할 때보다 훨씬 빠르게 문자를 입력할 수 있습니다. 단어 단위로 이동할 때는 [Ctrl] + ⬅️(또는 [Ctrl] + ➡️)를 사용합니다. 방향키만 사용할 때보다 훨씬 빠르게 이동할 수 있습니다.

특정 키가 없는 키보드를 사용한다면?

제가 사용하는 키보드에는 [Home]과 [End]가 없습니다. 하지만 이 키들이 없으면 매우 불편하기 때문에 키 설정을 커스터마이징해서 사용하고 있습니다. 예를 들어 자주 사용하지 않는 [F11]은 [Home]으로 지정하고, [F12]는 [End]로 지정해서 사용하는 식입니다. 이런 설정을 '매핑'이라고 합니다. 윈도우 10에서는 KeyTweak 또는 SharpKey와 같은 별도 프로그램을 사용해 키를 매핑할 수 있습니다. 여기서는 KeyTweak을 사용해 키를 매핑하는 방법을 간단히 설명합니다.

❶ KeyTweak 홈페이지(https://keytweak.ko.softonic.com)에서 설치 프로그램을 다운로드합니다.

❷ 다운로드한 파일을 더블클릭해서 설치를 진행합니다.

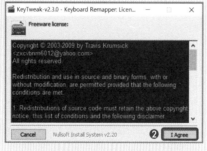

❸ 설치가 완료되면 시작 메뉴에서 'KeyTweak'을 선택해 실행합니다. 변경하고자 하는 키를 선택합니다. 키보드 그림에서 키를 클릭하면 해당 키가 현재 어떤 키에 매핑되어 있는지 표시됩니다.

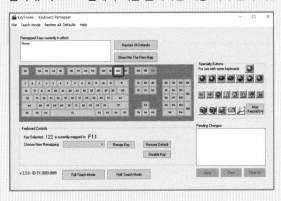

❹ 'Choose New Remapping'에서 새로 매핑할 키를 선택합니다.

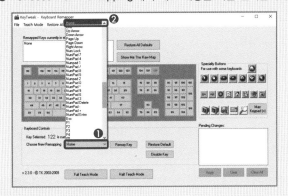

❺ 원하는 키로 매핑이 되었다면 'Remap Key' 버튼을 클릭합니다. 오른쪽 'Pending Changes' 란에 새로이 매핑될 키 목록이 표시됩니다. 매핑이 완료되면 'Apply' 버튼을 클릭해서 매핑 내용을 적용합니다. 시스템을 재부팅한 후 새로운 키로 사용할 수 있습니다.

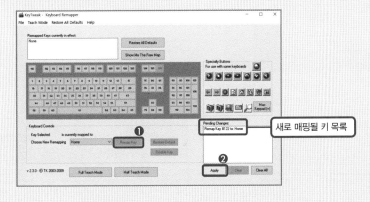

새로 매핑될 키 목록

09 창을 자유롭게 조작하는 5가지 테크닉

작업 중 여러 파일이나 프로그램을 실행하고 있는 경우가 많습니다. 이때 마우스 대신 몇 가지 단축키를 사용하면 몇십 배 빠르게 창을 조작할 수 있습니다. 앞으로 소개할 단축키 또한 간단하면서도 큰 도움이 되므로 꼭 기억해 두었다가 사용해 보세요.

작업 창 전환하기: Alt + Tab

여러 가지 작업을 동시에 하면서 다음에 열어야 할 작업 창을 찾기 어려운 적이 있었나요? 여러 프로그램이 실행된 상태에서 현재 열린 창 목록을 표시하면 목록에서 원하는 창을 바로 선택할 수 있습니다.

01 Alt + Tab 을 누르면 현재 열려 있는 창 목록이 표시됩니다.

> **MEMO**
> Alt + Tab 을 누른 뒤 Alt 를 누른 채로 Tab 에서 손을 뗍니다. 그러면 표시된 창 목록이 표시된 채로 남아 있는 상태가 됩니다.

02 이 상태에서 Alt 를 누른 채 Tab 을 반복해서 눌러 창을 전환해 보세요. 원하는 창이 선택될 때 키보드에서 손을 뗍니다.

03 선택한 창이 화면 맨 위에 표시됩니다.

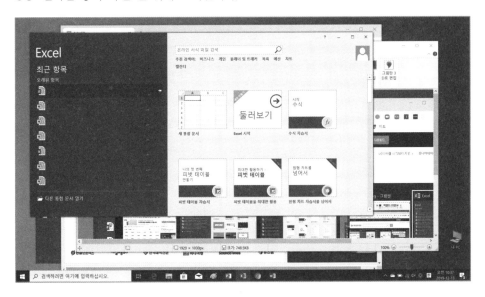

불필요한 창 닫기: Ctrl + W

보통 작업 창을 닫으려면 창 오른쪽 상단에 있는 '×' 버튼을 클릭해야 합니다. 그러나 Ctrl +W를 클릭하면 맨 앞에 띄운 창을 닫을 수 있습니다. 또한 작업 창을 전환하는 Alt + Tab 과 함께 사용해서 불필요한 창을 빠르게 닫고 작업 공간을 정리할 수 있습니다.

01 Alt + Tab 을 눌러 열려 있는 창 목록을 표시합니다. Alt 를 누른 채 Tab 또는 방향키 를 사용해 창을 선택합니다. 원하는 창이 나타나면 키보드에서 손을 뗍니다.

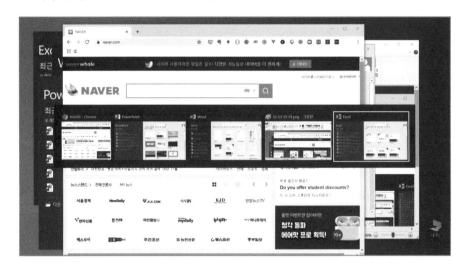

02 선택한 창이 화면 맨 위에 표시됩니다. Ctrl +W를 눌러 창을 닫습니다. 이 과정을 반 복해서 작업 공간을 정리합니다.

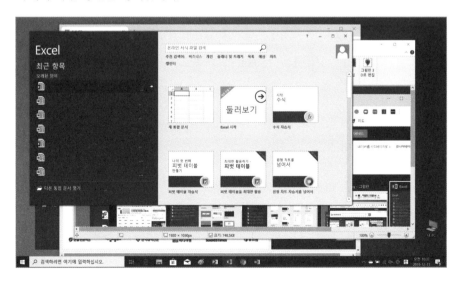

모든 창 최소화하기: ⊞+Ⓜ

화면에 많은 창을 열어 둔 상태라면 머릿속도 복잡하기 마련입니다. 여러 작업 창 중에 해야 할 작업이 남아 있다면 우선 모든 창을 최소화한 뒤 당장 작업할 창만 켜는 것이 좋을 것입니다. 혹은 바탕 화면에 있는 파일이나 폴더를 바로 확인하고 싶을 때도 있습니다. 이때 ⊞ +Ⓜ을 누르면 현재 열린 모든 창을 최소화합니다.

01 ⊞+Ⓜ을 누릅니다.

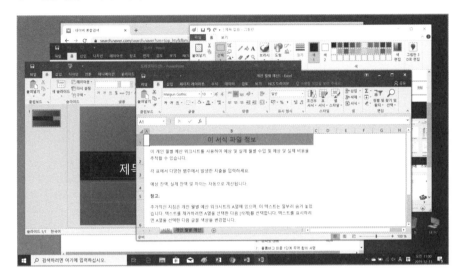

02 모든 창이 최소화되어 바탕 화면에서 사라집니다.

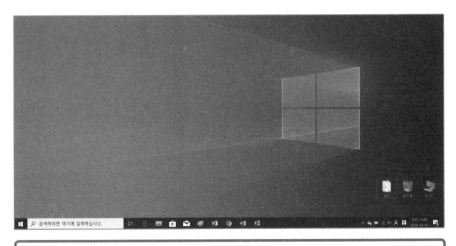

> **MEMO**
> 최소화한 창들을 원래대로 띄우려면 ⊞+Shift+Ⓜ을 누릅니다.

작업 중인 창을 전체 화면으로 바꾸기: ⊞+↑/↓

현재 작업 중인 창을 최대화하려면 ⊞+↑를 누르고, 창을 최소화하려면 ⊞+↓를 누릅니다.

창 좌우 정렬하기: ⊞+←/→

바탕 화면을 좌우로 분할해 창을 정렬해서 표시할 수 있습니다. 여러 파일 내용을 비교·검토·참조할 때 매우 편리합니다. ⊞+←(혹은 →)를 누르면 현재 작업 중인 창을 왼쪽(혹은 오른쪽) 절반 영역에 배치합니다. 반대쪽에는 창 목록이 표시되며, 방향키를 사용해 원하는 창으로 이동한 뒤 Enter 를 누르면 바탕 화면 좌우로 창이 배치됩니다.

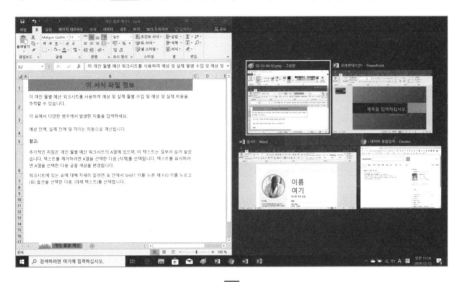

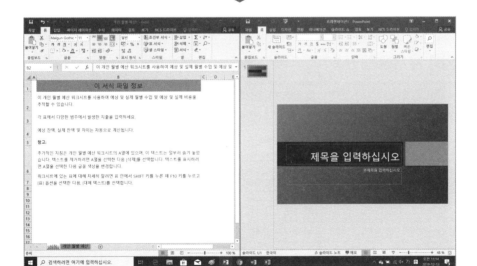

10 마우스 대신 단축키로 작업 효율 높이기

컴퓨터를 조작할 때는 그 유형에 따라 키보드와 마우스를 구분해 사용하는 것이 좋습니다. 예를 들어 문자를 입력하는 도중 문자 커서를 이동하는 경우에는 41쪽 에서 설명한 것처럼 가급적이면 키보드 단축키를 사용하는 것이 효과적입니다.

또한 웹브라우저를 조작할 때 탭을 열고 닫거나, 여러 탭 사이를 이동하거나, 웹페이지를 스크롤하거나 인터넷 검색 시 필요한 여러 가지 조작을 할 때도 마우스보다는 키보드를 사용하는 편이 좋습니다. 한편 폴더나 파일을 여는 등의 조작은 키보드보다 마우스를 사용하는 것이 보다 간단하고 효과적입니다.

여러 단축키 중에 실무에서 자주 사용하는 단축키들을 소개합니다. 여기서 소개하는 모든 단축키를 기억할 필요는 없습니다. 몇 차례 사용해 보는 동안 자연스럽게 몸에 익힐 수 있을 것입니다.

▌문자 입력 시 유용한 단축키

동작	단축키
오른쪽으로 단어별로 선택 범위(블록) 늘리기	Ctrl + Shift + →
왼쪽으로 단어별로 선택 범위(블록) 늘리기	Ctrl + Shift + ←
커서 위치에서 행의 맨 앞까지 선택하기	Shift + Home
커서 위치에서 행의 맨 끝까지 선택하기	Shift + End

▌파일 탐색기 조작 시 유용한 단축키

동작	단축키
파일 탐색기 열기	⊞+E
새 폴더 만들기	Ctrl + Shift + N
다음 폴더 표시하기	Alt + →
이전 폴더 표시하기	Alt + ←
파일이나 폴더 검색하기	Ctrl + F
선택한 파일이나 폴더의 속성 표시하기	Alt + Enter

▌인터넷 웹브라우저(엣지) 조작 시 유용한 단축키

동작	단축키
새 윈도우 열기	Ctrl + N
새 탭 열기	Ctrl + T
현재 탭 닫기	Ctrl + W
오른쪽 탭으로 이동하기	Ctrl + Tab
왼쪽 탭으로 이동하기	Ctrl + Shift + Tab
직전에 닫은 탭 다시 열기	Ctrl + Shift + T
1페이지만큼 아래로 화면 스크롤하기	Space
1페이지만큼 위로 화면 스크롤하기	Shift + Space
1페이지씩 뒤로 가기	Alt + ←
1페이지씩 앞으로 가기	Alt + →
홈페이지(시작 페이지)로 이동하기	Alt + Home
주소 표시줄 선택하기	Alt + D
페이지 내 문자열 검색하기	Ctrl + F

11 여러 폴더와 파일을 한꺼번에 선택하기

여러 파일을 동시에 선택할 때 마우스와 키보드를 함께 사용하면 더욱 효과적으로 파일이나 폴더를 선택할 수 있습니다. 선택할 파일과 폴더 개수가 적다면 마우스로 드래그해도 괜찮습니다. 하지만 수많은 파일이나 폴더를 빠르게 선택하거나, 띄엄띄엄 위치한 파일이나 폴더들을 동시에 선택할 때는 마우스만으로 조작하기가 매우 불편합니다. 이런 때는 Shift 나 Ctrl 을 함께 활용하면 효율적으로 선택할 수 있습니다.

연속한 파일이나 폴더 선택하기: Shift

연속해서 위치한 여러 파일이나 폴더를 선택할 경우에는 Shift 를 함께 사용합니다.

01 가장 앞에 있는 파일을 마우스로 클릭해서 선택합니다.

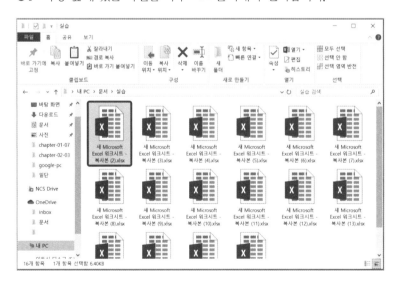

02 선택하고 싶은 범위의 가장 마지막 파일을 [Shift]를 누른 상태로 마우스로 클릭하면 연속한 파일이 모두 선택됩니다.

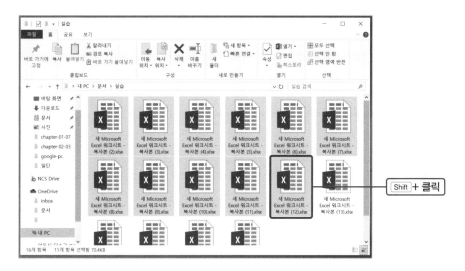

띄엄띄엄 떨어진 파일이나 폴더 선택하기: [Ctrl]

띄엄띄엄 위치한 여러 파일이나 폴더를 선택할 경우에는 [Ctrl]을 함께 사용합니다.

[Ctrl]을 누른 상태로 파일을 클릭해 파일을 선택합니다. 선택한 파일을 한 번 더 클릭하면 선택이 취소됩니다.

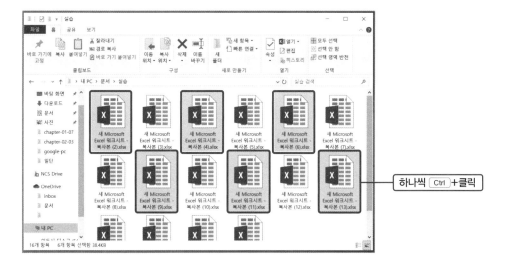

전체 파일이나 폴더 선택 후 일부 제외하기: Ctrl

파일 탐색기에 표시된 전체 파일 중 일부만 선택하고 싶다면 마우스로 드래그하거나 Ctrl +A를 눌러 모든 파일이나 폴더를 선택한 뒤 Ctrl을 누른 상태로 제외할 파일을 클릭합니다.

01 Ctrl + A를 눌러 모든 파일을 선택합니다.

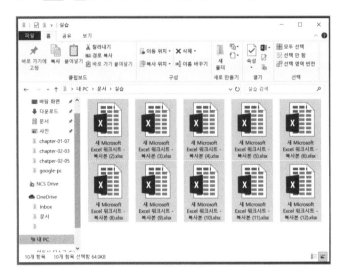

02 Ctrl을 누른 상태로 선택된 파일을 클릭하면 선택이 취소됩니다.

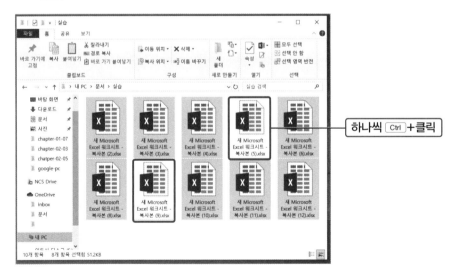

하나씩 Ctrl +클릭

엣지와 크롬에서 빠르게
정보 검색하기

12 구글로 원하는 정보를 빠르게 검색하는 6가지 테크닉

원하는 정보를 인터넷에서 빠르고 정확하게 찾아내는 검색 스킬은 모든 컴퓨터 사용자에게 필요합니다. 검색엔진에서 다양한 키워드를 입력해 결과를 좁혀 가며 원하는 정보를 찾는데, 필요한 정보 대부분은 AND 검색으로 찾아낼 수 있습니다. 하지만 AND 검색으로 원하는 정보를 찾지 못한다면 완전 일치, OR 혹은 NOT 검색 등도 시도해 볼 수 있습니다.

구글을 이용하면 키워드 검색 이외에도, 기간을 지정해 검색하거나 이미지를 활용해 검색할 수 있습니다. 기간 지정 검색을 사용하는 경우, 예를 들면 검색 시점에서 1시간 내에 만들어지거나 변경된 웹페이지만 검색할 수 있습니다. 물론 임의로 기간을 지정할 수도 있습니다. 이미지 검색을 사용하면 키워드가 아닌 이미지를 사용해 입력한 이미지와 비슷한 이미지를 검색합니다. 이제 각 검색 방법에 관해 자세히 살펴보겠습니다.

AND 검색

검색 창에 입력한 모든 키워드를 포함하는 웹페이지를 검색해서 결과를 표시합니다. 'A B C D E'와 같이 여러 키워드를 스페이스로 구분해 검색 창에 입력합니다.

> subscription EXCEL P/L template

완전 일치 검색

검색 창에 입력한 검색 키워드와 완전히 일치하는 내용을 포함하는 웹페이지를 검색해서 결과를 표시합니다. "A B C D E"와 같이 검색 키워드를 큰따옴표(" ")로 묶어서 입력합니다.

> "Google에서 배운 초고속 컴퓨터 활용 기법"

NOT 검색

검색 창에 입력한 검색 키워드 중 특정 단어가 없는 웹페이지를 검색해서 결과를 표시합니다. 'A-B'와 같이 제외할 검색 키워드 앞에 마이너스(-)를 입력합니다.

> 맥 -애플

OR 검색

검색 창에 입력한 검색 키워드 중 어느 하나라도 포함하는 웹페이지를 검색해서 결과를 표시합니다. 'A OR B'와 같이 검색 키워드 사이에 OR을 입력합니다.

> 강아지 OR 고양이

와일드 카드 검색

와일드 카드란 임의의 문자에 대응시킬 때 사용하는 문자입니다. 검색 키워드 중 일부를 알지 못하는 경우 해당 부분에 와일드 카드인 별표(*)를 포함시켜 검색할 수 있습니다. 'ABCDE*'와 같이 검색 키워드 중 일부를 '*'로 바꾸어서 입력합니다. 이 경우 예를 들어 'ABCDEA', 'ABCDEB', 'ABCDEC'… 등을 포함하는 검색 결과를 표시합니다.

> google chro*e

기간 지정 검색

검색하는 시점에서 1시간 이내, 24시간 이내, 1주일 이내, 1개월 이내, 1년 이내 등 특정 기간에 해당하는 검색 결과를 제한할 수 있습니다. 최근 만들어지거나 수정된 정보, 혹은 지정된 기간 내의 정보만을 대상으로 검색할 때 유용합니다.

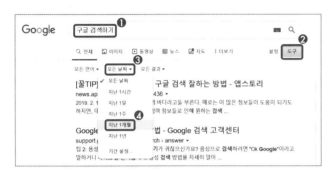

01 검색 키워드로 검색한 뒤 '도구'를 클릭합니다. '모든 날짜'를 클릭하고 검색할 기간을 설정합니다.

02 '모든 날짜' 대신 '기간 설정...'을 선택하면 더욱 세밀하게 검색 기간을 설정할 수 있습니다.

> MEMO
> 검색 결과로 표시된 페이지를 방문했지만 찾고자 하는 문자열이 잘 보이지 않는다면 Ctrl+F를 눌러 웹페이지의 내용을 검색해 봅니다.

비슷한 이미지 검색하기

구글에서는 이미지, 동영상, 뉴스, 지도 등으로 검색 대상을 제한할 수 있습니다. 특히 '이미지로 검색' 기능은 기업 로고나 아이콘 등의 디자인 샘플 자료를 수집할 때 유용합니다.

01 구글 검색 페이지에서 '이미지'를 클릭합니다.

02 이미지 검색 페이지가 표시됩니다. '이미지로 검색' 버튼을 클릭합니다.

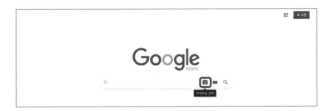

03 검색할 이미지의 URL을 입력하거나, '이미지 업로드' 탭에서 '찾아보기' 버튼을 사용해 검색할 이미지를 직접 업로드할 수 있습니다.

04 파일을 업로드하면 자동으로 검색이 시작되며 업로드한 이미지와 비슷한 이미지 및 관련 정보를 표시합니다.

13 구글 검색 제안 기능으로 키워드 입력 시간 줄이기

구글 검색 페이지의 검색 상자에 문자를 입력하면 제안 키워드가 표시됩니다. 일일이 키워드를 입력하는 대신 제안 키워드를 선택하면 키워드 입력에 걸리는 시간과 노력을 크게 줄일 수 있습니다. 검색 제안 목록에는 검색 시점에 빈번하게 검색되는 키워드 혹은 관련 항목이 표시됩니다.

01 검색 창에 문자를 입력하면 입력한 문자를 포함한 검색 키워드 목록이 표시됩니다. 구글 검색 페이지를 열고 검색 창에 키워드를 입력합니다.

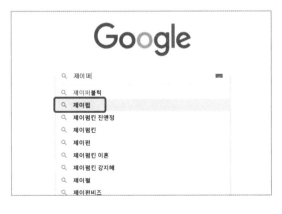

02 검색 제안 목록에 원하는 키워드가 표시되면 방향키를 사용해 해당 키워드를 선택하고 Enter 를 눌러 검색을 실행합니다.

NOTE

검색 내역을 활용한 재검색 및 검색 내역 삭제하기

구글 검색을 한 차례 수행한 화면에서 검색 창의 내용을 모두 지우면 이제까지 검색한 키워드 검색 내역이 표시됩니다. 이 내역을 활용해 검색하고 싶은 키워드를 선택해 다시 검색할 수 있습니다.

한편 더 이상 필요하지 않거나 원하지 않는 내용이 내역에 남아 있는 경우에는 검색 키워드 오른쪽 끝에 표시된 '삭제'를 클릭해서 해당 키워드 검색 내역을 삭제할 수 있습니다. 웹브라우저의 웹페이지 표시 내역과는 다르니 주의하세요.

14

사생활과 보안을 지키는 웹페이지 방문 기록 삭제하기

웹브라우저에서 이전에 웹페이지를 방문한 기록은 확인할 수 있습니다. 대개 방문 기록은 그대로 남겨 두더라도 크게 문제 되지 않지만 다른 사람에게 알리고 싶지 않거나, 자신의 흔적을 남기고 싶지 않는 경우가 있겠지요. 그밖에 다른 사람에게 컴퓨터를 빌리는 경우나, 공용 컴퓨터를 사용하는 경우 또는 프레젠테이션 중 웹브라우저를 사용해야 하는 경우도 있습니다. 이때 웹브라우저에서 제공하는 프라이버시 모드(시크릿 모드)를 사용합니다. 프라이버시 모드에서는 컴퓨터에 저장되는 방문 기록, 임시 파일(캐시), 쿠키와 같은 데이터를 프라이버시 모드가 종료된 후 모두 삭제합니다.

엣지에서 방문 기록을 남기지 않고 열람하기

브라우저 모드를 프라이버시 모드로 바꾼 뒤 웹페이지에 접근합니다. 마이크로소프트 엣지 (Microsoft Edge)를 사용하는 경우에는 **인프라이빗**(InPrivate) 창, 구글 크롬(Google Chrome)을 사용하는 경우에는 **시크릿**(Secret) 창에서 페이지를 엽니다. 단, 회사에 따라서 컴퓨터 설정으로 프라이버시 모드를 막아 웹브라우저 메뉴에 표시되지 않는 경우도 있습니다.

01 엣지에서 웹브라우저 오른쪽 끝의 메뉴 버튼을 클릭하고 '새 InPrivate 창'을 선택합니다.

> **MEMO**
> 크롬에서는 '새 시크릿 창'을 선택합니다.

02 인프라이빗 모드에서 새로운 창이 열립니다.

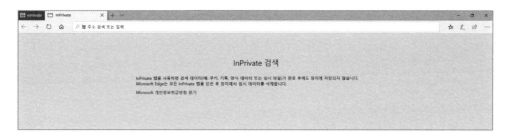

03 창이 열린 후에는 일반 모드와 동일하게 사용합니다. 열람 후 '×' 버튼을 클릭해서 창을 닫아 줍니다.

크롬에서 게스트 모드 표시하기

크롬에서는 프라이버시 모드와 비슷한 게스트 모드(Guest Mode)를 사용하는 방법도 있습니다. 게스트 모드는 크롬에 로그인하지 않은 사용자가 크롬을 사용하기 위해 제공되는 모드입니다. 그래서 크롬에 저장되어 있는 북마크, 비밀번호 및 방문 기록 확인 등은 이용할 수 없습니다. 게스트 모드를 종료하면 방문 기록이나 캐시, 쿠키는 인프라이빗 모드와 마찬가지로 모두 삭제됩니다.

01 크롬에서 웹브라우저 화면 오른쪽 위의 '현재 사용자' 버튼을 클릭합니다. 표시된 메뉴 중 '게스트'를 선택합니다.

02 게스트 모드 창이 열립니다.

03 이후에는 일반 모드와 동일하게 사용합니다. 웹페이지를 열람한 후 '×' 버튼을 클릭해서 창을 닫아 줍니다.

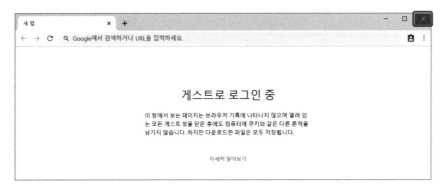

방문 기록 직접 삭제하기

부득이하게 일반 모드를 사용해서 웹을 열람한 경우에는 수동으로 열람 데이터를 직접 삭제할 수 있습니다.

01 엣지에서 웹브라우저 오른쪽 끝의 메뉴 버튼을 클릭하고 '기록'을 선택합니다.

> **MEMO**
> 크롬에서는 '방문 기록'을 선택합니다.

02 '기록 지우기'를 클릭합니다.

> **MEMO**
> 크롬에서는 화면 왼쪽의 'Chrome 방문 기록'을 클릭합니다.

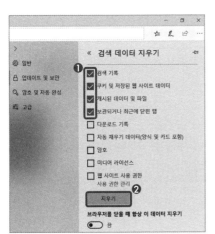

03 삭제할 데이터 항목을 체크한 뒤 '지우기' 버튼을 클릭합니다.

> **MEMO**
> 크롬에서는 '인터넷 사용 기록 삭제'를 클릭합니다.

앞서 설명한 '검색 데이터 지우기' 사용 시 삭제되는 데이터는 경우에 따라 다릅니다. 가능한 한 많은 방문 기록을 지우려면 엣지에서는 **03**에서 설명한 상태 그대로 지우기를 실행하면 됩니다. 크롬에서는 '기본' 탭의 모든 항목을 삭제하는 것이 좋습니다.

참고로 엣지에서 '자동 채우기 데이터(양식 및 카드 포함)' 혹은 크롬에서 '고급' 탭에 있는 '양식 데이터 자동 완성'을 삭제하면 로그인 ID와 같은 폼(Form) 데이터도 삭제됩니다. 크롬을 사용하는 경우에는 각 항목을 개별적으로 삭제하는 것을 권장합니다. 삭제할 웹페이지의 입력 폼을 클릭한 뒤 삭제할 키워드를 선택해 폼에 표시된 상태에서 [Shift]+[Delete]를 누르면 방문 기록이 삭제됩니다.

엣지에서는 항목을 개별적으로 삭제할 수는 없으나 일시적으로 '자동 채우기 데이터'를 표시하지 않도록 설정할 수 있습니다. 먼저 웹브라우저 오른쪽 끝의 메뉴 버튼을 클릭한 후 '설정'을 선택합니다. 설정 화면이 표시되면 '암호 및 자동 완성'을 클릭하고, '자동 채우기'의 '양식 데이터 저장'을 클릭해서 '양식 데이터 저장' 스위치를 '끔'으로 바꿉니다. 이 상태에서는 자동 양식 데이터가 저장되지 않습니다. 컴퓨터를 다른 사람에게 빌려준다면 이 설정을 해 두고 컴퓨터를 받은 뒤 다시 스위치를 '켬'으로 변경하면, 이제까지와 동일하게 폼 데이터 저장 상태를 유지할 수 있고 저장한 데이터도 그대로 사용할 수 있습니다.

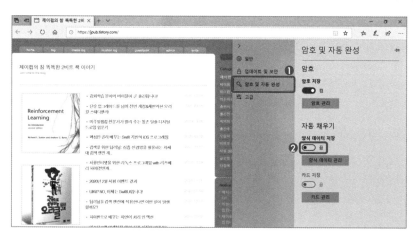

NOTE

프라이버시 모드 사용 시 주의점

프라이버시 모드와 게스트 모드는 사용자의 흔적을 완벽하게 지우는 것이 아닙니다. 사내 네트워크 관리자 혹은 네트워크 서비스 제공자가 사용자의 행동을 확인할 수 있는 가능성이 있습니다. 이런 점에 유의해서 해당 모드를 사용하는 것이 좋습니다.

15 웹페이지 즐겨찾기(북마크) 관리하기

매일 방문하는 웹사이트는 즐겨찾기(북마크)에 등록해 둡니다. 하나하나 '즐겨찾기 폴더'를 열 필요 없이 한 번의 클릭으로 웹사이트를 불러올 수 있어 편리합니다. 자주 방문하는 웹사이트일수록 빠르게 접근 가능하도록 해 두는 것이 핵심입니다. 즐겨찾기는 사용 빈도에 따라 나누어서 관리하면 훨씬 사용하기 편리합니다.

엣지에서 즐겨찾기 등록하기

즐겨찾기 모음 초기 설정은 '끔'으로 되어 있습니다. '설정'에서 '즐겨찾기 모음 표시'를 '켬'으로 변경하고, 웹사이트를 즐겨찾기 모음에 등록합니다.

01 오른쪽 위의 메뉴 버튼을 클릭하고 '설정'을 선택합니다.

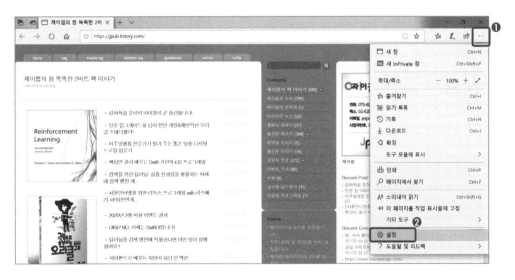

02 '즐겨찾기 모음 표시'를 '켬'으로 설정합니다. 화면 상단에 즐겨찾기 모음이 표시됩니다.

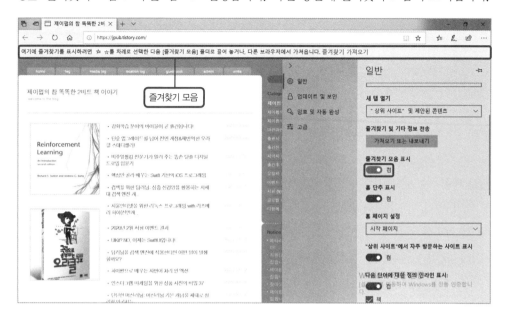

03 즐겨찾기 모음에 표시할 웹사이트를 표시하기 위해 주소 표시줄 오른쪽 끝의 ☆ 버튼을 클릭합니다. 표시된 창의 '저장 위치'에서 원하는 항목을 선택합니다.

04 '즐겨찾기 모음'을 선택하고 '추가' 버튼을 클릭합니다.

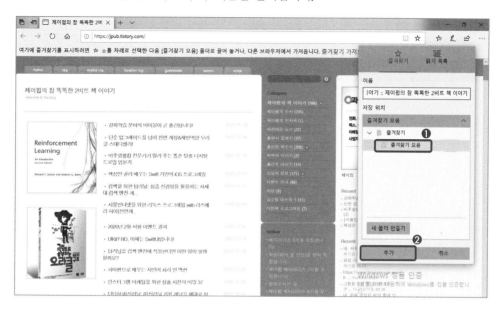

05 즐겨찾기 모음에 해당 웹사이트가 등록되고 표시됩니다. 아이콘만 표시하려면 즐겨찾기 모음에 있는 아이콘에서 마우스 오른쪽 버튼을 클릭한 뒤 '아이콘만 표시'를 선택합니다.

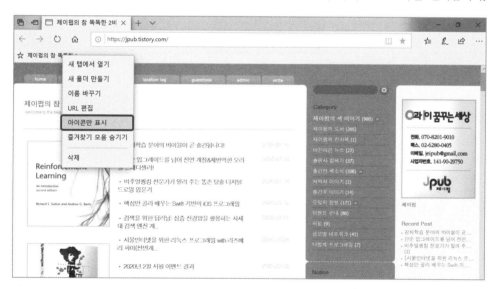

> **MEMO**
> 아이콘만으로 웹사이트가 무엇인지 알 수 있다면 웹사이트 이름은 지워도 좋습니다. 이름을 표시하지 않으면 그만큼의 공간을 확보할 수 있어 더 많은 아이콘을 배치할 수 있습니다. 저는 화면에 가능한 한 많은 아이콘을 배치하기 위해 '아이콘만 표시'로 설정하고 있습니다.

06 즐겨찾기 모음에서 웹사이트 이름이 생략되고 아이콘만 표시됩니다.

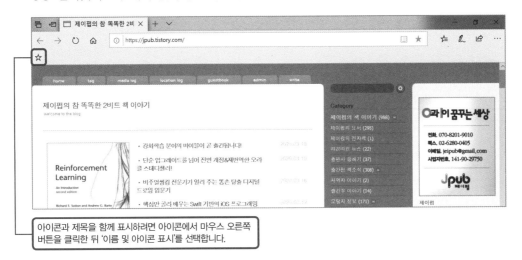

아이콘과 제목을 함께 표시하려면 아이콘에서 마우스 오른쪽
버튼을 클릭한 뒤 '이름 및 아이콘 표시'를 선택합니다.

크롬에서 즐겨찾기 등록하기

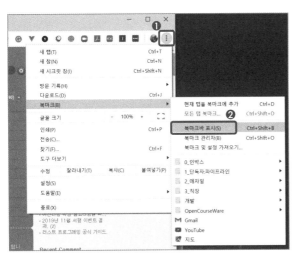

01 오른쪽 상단 메뉴 버튼을 클릭하고 '북마크' ➡ '북마크바 표시' 순서로 선택합니다.

02 북마크바가 표시됩니다. 북마크에 표시하고 싶은 웹사이트에 방문합니다.

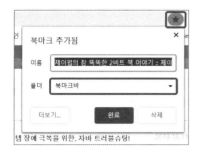

03 주소창 오른쪽 끝의 ☆ 버튼을 클릭합니다. 표시된 창의 '폴더' 드롭다운 메뉴에서 원하는 항목을 선택해 클릭합니다.

04 북마크바에 아이콘만 표시하려면 '이름' 란을 공백으로 둡니다. '완료' 버튼을 클릭합니다.

05 북마크바에 웹사이트를 등록하고 표시할 수 있습니다.

아이콘과 제목을 함께 표시하려면 아이콘에서 마우스 오른쪽 버튼을 클릭한 뒤 '수정'을 선택하고 제목을 입력합니다.

엣지에서 즐겨찾기 폴더 관리하기

매일 방문하지는 않지만 가끔 방문하는 웹사이트는 전용 폴더를 만들어 쉽게 접근할 수 있도록 관리합니다.

01 즐겨찾기 폴더로 관리할 웹페이지를 열고 ☆ 버튼을 클릭합니다. '저장 위치' 드롭다운 메뉴를 클릭하고 '새 폴더 만들기' 버튼을 클릭합니다.

MEMO
저장하고자 하는 폴더가 이미 존재하는 경우에는 해당 폴더를 선택한 뒤 '추가' 버튼을 클릭합니다.

02 앞 단계에서 '즐겨찾기'를 선택한 상태이므로 즐겨찾기 바에는 표시되지 않는 새로운 폴더가 만들어집니다. 폴더 이름을 입력하고 '추가' 버튼을 클릭합니다.

03 즐겨찾기에 추가한 웹사이트에 접속하려면 오른쪽 위 ☆ 버튼을 클릭합니다. '즐겨찾기' 메뉴에서 원하는 링크를 클릭합니다.

크롬에서 즐겨찾기 폴더 관리하기

01 북마크를 설정할 웹페이지를 열고 ☆ 버튼을 클릭합니다. '폴더' 드롭다운 메뉴를 클릭하고 '다른 폴더 선택...'을 선택합니다.

02 북마크 수정 화면이 표시됩니다. '기타 북마크'를 선택한 상태에서 '새 폴더' 버튼을 클릭합니다.

> **MEMO**
> 이미 저장하고자 하는 폴더가 있는 경우에는 해당 폴더를 선택하고 '저장' 버튼을 클릭합니다.

03 폴더가 만들어집니다. 앞에서 '기타 북마크'를 선택한 상태이므로, 북마크바에는 표시되지 않는 새로운 폴더가 만들어집니다.

04 폴더 이름을 입력합니다. '저장' 버튼을 클릭합니다.

05 북마크바에 있는 웹사이트에 접속하려면 북마크바 끝의 '기타 북마크'를 클릭하고 해당 북마크를 선택합니다.

 NOTE

나중에 읽을 페이지를 열린 상태로 유지하기

지금 당장은 아니지만 가까운 시일 안에 확인해야 하는 페이지는 열린 채로 두는 것도 좋습니다. 이렇게 해두면 시간이 날 때 곧바로 볼 수 있기 때문에, 확인이 누락될 위험도 방지할 수 있습니다. 또한 바로 가기를 만들어 특정한 폴더에 일시적으로 보관해 두는 것도 좋습니다.

16 웹브라우저에서 시작 페이지 설정하기

웹브라우저를 실행하면 기본 설정된 시작 페이지를 그대로 사용하고 있나요? 아니면 자주 방문하는 특정한 페이지가 열리도록 설정해 두고 있나요? 저는 이전 페이지가 열리도록 설정해 두었습니다. 이렇게 설정해 두면 웹브라우저를 실행하자마자 이전 업무를 다시 이어서 할 수 있습니다. 웹브라우저 실행과 동시에 업무에 필요한 페이지가 표시되도록 설정해 봅니다.

이전 페이지를 시작 페이지로 설정하기

엣지와 크롬에서는 초기 설정에는 시작 페이지가 표시되도록 설정되어 있습니다. 이를 이전 페이지로 변경합니다.

01 엣지에서는 웹브라우저 오른쪽 끝의 메뉴 버튼을 클릭하고 '설정'을 선택합니다. '다음 프로그램으로 Microsoft Edge 열기'에서 '이전 페이지'를 선택합니다.

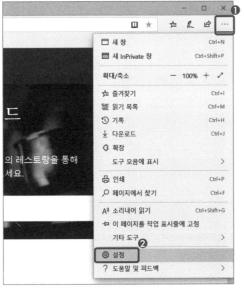
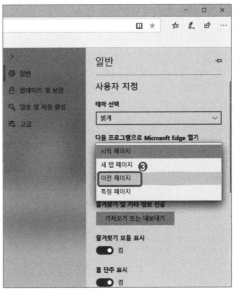

02 크롬에서는 웹브라우저 오른쪽 끝의 메뉴 버튼을 클릭하고 '설정'을 선택합니다. 설정 화면이 표시되면 아래로 스크롤한 뒤 '시작 그룹'의 '중단한 위치에서 계속하기'를 선택합니다.

엣지에서 기본 검색엔진 변경하기

엣지에서는 주소 표시줄에 키워드를 입력하면 기본적으로 빙(Bing) 검색엔진을 사용해 검색합니다. 빙 검색엔진이 아니라 구글 검색엔진을 선호하는 분들도 많을 것입니다. 기본 검색엔진을 구글로 변경해 보겠습니다.

01 기본 검색엔진으로 설정할 검색엔진의 웹페이지를 엽니다. 여기에서는 구글에 접속했습니다. 웹브라우저 오른쪽 끝의 메뉴 버튼을 클릭하고 '설정'을 선택합니다.

02 '고급' 탭을 클릭한 뒤 '주소 표시줄 검색'의 '검색 공급자 변경' 버튼을 클릭합니다.

03 검색엔진 변경 화면이 표시됩니다. 'Google 검색'을 선택하고 '기본값으로 설정' 버튼을 클릭합니다.

04 주소 표시줄에 검색 키워드를 입력하고 검색을 실행합니다.

05 구글 검색이 실행됩니다.

> **MEMO**
> 새로운 탭을 표시하거나 웹브라우저를 실행할 때 표시되는 검색 창은 기본 검색엔진인 빙 이외에는 사용할 수 없습니다.

크롬에서 기본 검색엔진 변경하기

크롬은 구글이 기본 검색엔진이지만 다른 검색엔진을 사용하도록 변경할 수 있습니다.

01 웹브라우저 오른쪽 끝의 메뉴 버튼을 클릭하고 '설정'을 선택합니다. 설정 화면이 표시되면 '검색엔진'을 클릭한 뒤 '검색엔진 관리'를 클릭합니다.

02 '기본 검색엔진'에서 설정할 검색엔진의 오른쪽 끝의 메뉴 버튼을 클릭하고 '기본으로 설정'을 선택합니다.

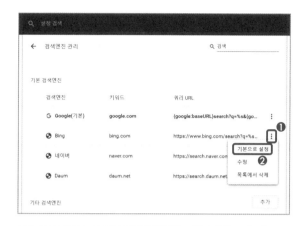

MEMO
위 그림에서 '기본 검색엔진'에 원하는 검색엔진이 없다면 '추가' 버튼을 클릭해서 원하는 검색엔진을 추가합니다.

03 주소 표시줄에 검색 키워드를 입력하고 검색을 실행하면 기본 검색엔진에 설정된 검색엔진을 사용한 검색 결과가 표시됩니다.

17 손쉬운 구글 검색 기능

구글에서는 키워드 검색 이외에도 다양한 검색 기능을 사용할 수 있습니다. 그중에서 제가 편리하다고 생각한 몇 가지 검색 기능을 소개합니다. 구글 검색 결과에서 찾아낸 웹사이트에 접속하지 않아도 필요한 정보를 얻을 수 있습니다.

▎우편번호 찾기

주소를 입력하면 우편번호를 확인할 수 있습니다. 주소를 입력하고 그 뒤에 '우편번호' 같은 키워드를 붙여서 검색합니다.

▌날씨 확인하기

주소나 지역을 입력하면 날씨를 확인할 수 있습니다. 지역을 입력하고 그 뒤에 '일기예보' 같은 키워드를 붙여서 검색합니다.

▌경로/비행 일정 확인하기

지하철 환승 정보 혹은 항공기 운항 일정을 확인할 수 있습니다. '장소 A부터 장소 B까지'라고 입력해서 검색합니다. 항공기 일정은 항공편명을 입력해서 검색합니다.

▌수식 계산

기본적인 사칙 연산은 물론 삼각 함수, 지수 등을 바로 계산할 수 있습니다.

▌단위 변환

길이, 무게, 부피 등의 단위 변환을 할 수 있습니다. 환율 검색 시에는 확인할 통화를 검색한 뒤 전용 패널에서 환산할 수 있습니다. '단위 변환(혹은 단위 환산)'을 입력해서 검색한 뒤 전용 패널에서 단위를 환산합니다.

앞서 설명한 기능 이외에도 사전 기능도 편리하게 사용할 수 있습니다. 국어 사전을 확인하려면 의미를 알고 싶은 단어 뒤에 한 칸을 띄운 뒤 '뜻'이라는 키워드를 입력하고 검색 버튼을 클릭하면 그 결과를 바로 확인할 수 있습니다. 영어-한국어, 한국어-영어는 '한국어로' 혹은 '영어로'라는 키워드를 붙여서 검색할 수 있습니다.

CHAPTER 3

18 강력한 비밀번호 저장 및 관리 방법

비밀번호 유출을 막기 위해 일반적으로 다음과 같은 규칙을 사용합니다.

1. 이전에 사용했던 비밀번호와 같은 비밀번호가 아닐 것
2. 비밀번호 길이는 8문자 이상일 것
3. 특수 기호나 영문자(대문자 및 소문자)를 혼합할 것

위의 규칙은 확실히 유효하지만, 현실적으로 웹사이트마다 복잡하고 긴 비밀번호를 구분해서 사용하기란 매우 어렵습니다. 물론 그 비밀번호를 하나하나 기억하는 것도 큰일이고요. 그렇다면 어떻게 비밀번호를 관리해야 할까요? 저는 절대 유출되어서는 안 되는 비밀번호, 만에 하나 유출되더라도 큰 위험이 없는 비밀번호 두 가지로 구분해서 사용합니다. 중요한 비밀번호는 웹사이트별로 강력한 규칙을 적용해서 만들어 사용하고 있으며, 덜 중요한 비밀번호는 기본적으로 동일한 비밀번호를 돌려가며 사용하고 있습니다.

크롬에서 강력한 비밀번호 만들고 저장하기

저는 중요한 비밀번호는 구글 계정과 크롬을 조합해서 만들고 관리합니다. 이 서비스를 사용하려면 구글 계정을 가지고 있어야 하며 크롬 웹브라우저를 사용해야 합니다.

01 크롬을 실행하고 오른쪽 위 '현재 사용자' 버튼을 클릭합니다. 다음에 표시되는 화면에서 '동기화 사용' 버튼을 클릭합니다.

02 'Chrome에 로그인' 화면에서 이메일 주소와 비밀번호를 입력해 로그인합니다.

03 '동기화를 사용하겠습니까?' 화면에서 '사용' 버튼을 클릭합니다. 이것으로 동기화가 완료됩니다.

04 임의의 웹사이트에 접속한 뒤 아이디를 입력합니다. 비밀번호 입력란에서 마우스 오른쪽 버튼을 클릭하면 나타나는 메뉴에서 '비밀번호 추천'을 선택합니다.

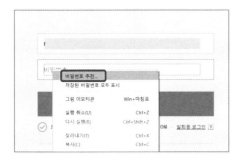

05 '추천 비밀번호 사용'을 선택하고 비밀번호를 확인합니다. 여기에서 만든 비밀번호는 크롬에 자동으로 저장됩니다.

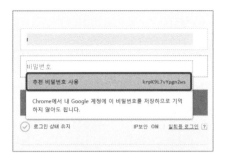

06 다음에 같은 웹사이트를 열면 아이디와 비밀번호가 자동으로 입력됩니다.

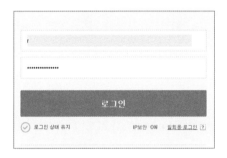

> **NOTE**
>
> 동기화할 데이터의 종류는 '설정' ➡ '동기화 및 Google 서비스' ➡ '동기화 관리'에서 변경할 수 있습니다. 앱, 북마크, 방문 기록, 비밀번호 등 동기화할 데이터 항목만 '켬'으로 설정합니다.

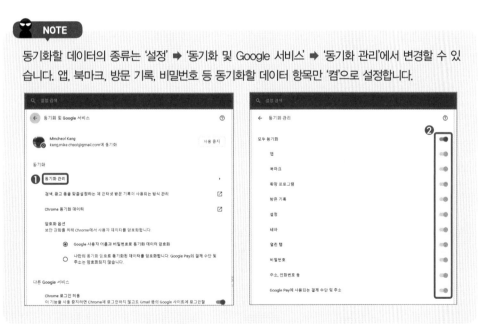

엣지에서 비밀번호 관리하기

구글 계정과 크롬을 사용할 수 없는 경우 엣지에서 제공하는 비밀번호 관리 기능을 사용할 수 있습니다. 아이디와 비밀번호를 쌍으로 웹브라우저에 저장할 수 있으므로 비밀번호를 일일이 입력할 필요가 없습니다.

01 로그인할 페이지에 접속한 후 아이디와 비밀번호를 입력합니다. 로그인을 실행하면 '~의 저장된 암호를 업데이트할까요?'라고 표시되는 메시지에서 '저장'을 클릭합니다.

02 비밀번호를 저장한 웹사이트에 접속한 뒤 아이디를 선택하면 자동으로 비밀번호가 입력됩니다.

03 브라우저에 저장한 비밀번호는 향후 내용을 수정하거나 삭제할 수 있습니다. 웹브라우저 메뉴에서 '설정' ➡ '암호 및 자동 완성' ➡ '암호 관리' 순서대로 클릭합니다.

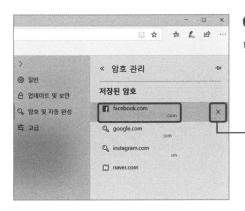

04 '저장된 암호' 목록이 표시됩니다. 수정하거나 삭제할 웹사이트를 클릭합니다.

저장된 암호를 삭제합니다.

05 내용을 변경하고 '저장' 버튼을 클릭합니다.

앞 화면은 엣지를 기준으로 했으나 크롬의 경우에도 비슷합니다. 설정 화면에서 '자동 완성'
➡ '비밀번호'를 클릭하면 비밀번호 관리 화면이 표시됩니다. 이 화면에서 저장된 정보를 편
집하거나 삭제할 수 있습니다.

2단계 인증으로 안전성 높이기

구글 계정을 비롯해서 더욱 높은 보안이 요구되는 웹사이트에는 2단계 인증 도입이 늘어나고 있습
니다. 2단계 인증은 일반적인 아이디와 비밀번호를 사용한 로그인 절차와 함께 한 단계 더 인증 절
차를 추가합니다. 구글 계정에서는 2단계 인증 웹페이지(www.google.com/landing/2step/?hl=ko)에
서 사용 설정을 하고 다음과 같은 2단계 인증 절차를 거쳐 로그인하도록 할 수 있습니다.

❶ 일반적인 아이디와 비밀번호를 입력합니다.
❷ Google OTP 프로그램에서 인증 코드를 발급합니다.
❸ 발급받은 코드를 구글 계정 로그인 화면에 입력합니다.

4

지금 바로 사용할 수 있는
평생 테크닉

19 폴더 정리는 간단히, 파일은 검색해서 찾자

원하는 파일을 못 찾아 헤맨 적이 있지 않나요? 자주 사용하는 파일이라면 바로 가기를 활용해 해결할 수 있지만, 자주 쓰지도 않을 파일까지 모두 바로 가기로 지정할 수는 없는 일입니다. 원하는 파일을 찾을 수 없는 상황을 피하려면 먼저 폴더로 파일을 구분해야 합니다. 폴더만 깔끔하게 정리해도 파일을 찾는 데 어느 정도 효과를 얻을 수 있습니다.

하지만 관리할 파일이 늘어나면 폴더도 늘어납니다. 이렇게 되면 원하는 파일이 들어 있는 폴더를 찾는 데도 시간이 많이 걸리게 됩니다. 저는 파일 관리에 검색 기능을 활용합니다. 물론 어느 정도는 폴더를 만들어 파일을 구분하지만, 파일 이름을 검색해서 찾는 방식으로 불필요한 작업을 줄였습니다. 이제 실제로 어떻게 폴더와 파일을 정리해서 검색할지 알아보겠습니다.

▌'문서' 폴더로 파일 관리하기

검색을 활용해 파일을 관리하려면 우선 파일을 한 곳에 모아 두어야 합니다. 저는 모든 파일을 구글 드라이브(Google Drive) 같은 클라우드에서 관리하지만, 보안이나 회사 규정 때문에 클라우드를 사용할 수 없는 경우도 많습니다. 이 경우에는 '문서' 폴더를 파일 저장 장소로 활용합니다. 문서 파일은 모두 '문서' 폴더에 저장하고, 원하는 파일을 검색해서 찾을 수 있도록 하는 것입니다. '문서' 폴더 아래에 임의로 폴더를 만들어 파일을 대략적으로 구분할 수도 있습니다. 물론 C 드라이브 바로 아래 새 폴더를 만들어서 관리해도 좋습니다.

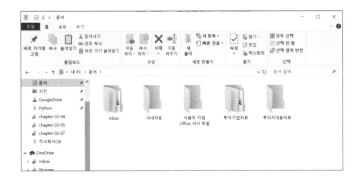

▌검색이 잘 되는 파일 이름 사용하기

한 곳에 모아 놓은 파일을 쉽게 찾으려면 파일 이름을 구체적으로 붙여야 합니다. 예를 들어 제이펍 주식회사의 '투자계약서'라는 파일이 있다고 가정해 봅시다. 이 파일의 이름은 단순히 '투자계약서'와 같이 쓰는 대신 '제이펍 주식회사 투자계약서'로 합니다. 해당 파일을 '제이펍 주식회사 투자계약서 모음'이라는 폴더에 저장해서 관리한다 하더라도 파일 이름에서 회사 이름을 빼지 않아야 합니다. 파일 이름만으로도 해당 파일에 어떤 내용이 담겨 있는지 알 수 있도록 이름을 정하는 것이 가장 좋습니다. 파일을 열어 봐야만 내용을 알 수 있다면, 파일 이름에 충분한 정보가 담기지 않았음을 의미합니다.

기껏 폴더를 여러 개 만들어서 계층을 구분하더라도, 파일 이름에서 회사 이름을 생략하면 검색했을 때 여러 '투자계약서' 파일이 발견되기 때문에 어느 회사의 투자계약서인지 알 수 없게 됩니다. 이런 상황에서는 파일을 일일이 확인해야 하므로 시간이 낭비됩니다. 물론 파일 이름이 다소 길고 장황해지는 단점이 있긴 합니다. 하지만 검색을 활용해 파일을 효과적으로 관리할 수 있다면 약간의 단점을 충분히 상쇄하고도 남습니다.

아래 그림에 구체적인 파일 이름 예를 표시했으니 참고하세요.

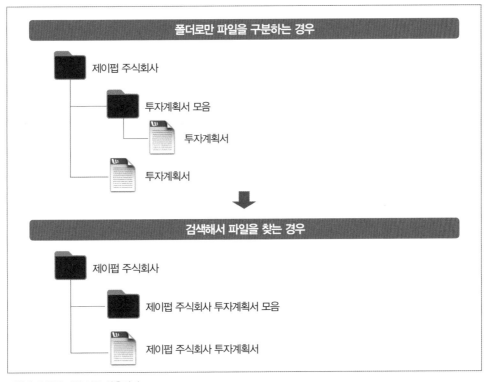

검색에 유용한 파일 이름 사용하기

파일 이름에 날짜 넣기

오랜 기간에 걸쳐 작성되는 파일에는 **파일 이름에 반드시 날짜를 붙입니다**. '파일 이름+_(언더스코어)+yyyymmdd(연월일)' 등과 같은 일정한 규칙을 정해 놓습니다. 파일 이름을 이런 방식으로 정하면 날짜순으로 정렬하기에도 편리합니다.

파일 이름에 날짜 붙이기

원하는 파일 검색하기

이제 파일 탐색기에서 파일을 검색합니다. 검색 결과에 여러 파일이 나오는 경우에는 미리보기 창을 활용할 수 있습니다. 프로그램을 실행하지 않고도 미리 보기 창에서 파일 내용을 빠르게 확인할 수 있습니다. 파일 유형에 따라 미리 보기가 표시되지 않는 경우도 있으나, 워드·파워포인트·엑셀 등 기본적인 문서 파일이라면 대부분 미리 보기로 내용을 확인할 수 있습니다. 여러 페이지를 가진 파일이라도 미리 보기로 모든 페이지의 내용을 확인할수 있습니다.

01 파일 탐색기에서 '문서' 폴더를 엽니다. 화면 오른쪽 위 검색 창에 키워드를 입력합니다.

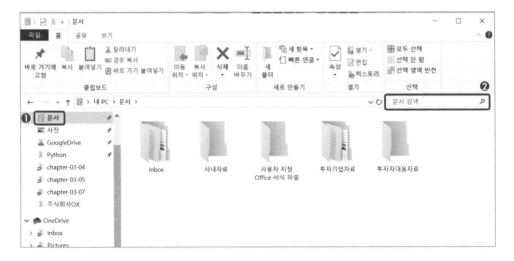

02 문자열을 입력하는 동안 키워드와 일치하는 문자열을 가진 파일들이 파일 탐색기에 표시됩니다.

03 파일 탐색기 '보기' 탭을 선택한 후 '미리 보기 창'을 클릭합니다. 내용을 확인하고 싶은 파일을 클릭하면 해당 파일의 내용이 미리 표시됩니다.

검색 속도를 높이는 색인 만들기

검색 기반으로 파일을 관리하려면 빠른 검색 속도가 뒷받침되어야 합니다. 이를 위해 폴더에 색인을 만듦으로써 검색 속도를 높일 수 있습니다. 앞 예시에서는 파일 관리를 위해 '문서' 폴더를 사용했습니다. 이 '문서' 폴더에는 기본적으로 색인이 작성되어 있기 때문에 아래에서 설명한 과정을 수행하지 않아도 됩니다. 그러나 만약 '문서' 폴더가 아닌 다른 폴더에서 파일을 관리할 경우에는 설명을 따라 색인을 작성합니다.

❶ 제어판에서 '색인 옵션'을 클릭합니다.

❷ 색인 옵션 화면에서 '수정' 버튼을 클릭합니다. 색인할 위치 화면의 '선택한 위치 변경' 목록에서 검색 속도를 높일 폴더에 체크한 후 '확인' 버튼을 클릭합니다. 이미 체크되어 있는 폴더는 특별한 이유가 없는 한 그대로 둡니다.

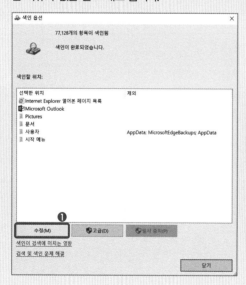

20 웹페이지에서 꼭 필요한 부분만 인쇄하기

웹페이지를 인쇄할 때 웹브라우저의 인쇄 기능을 그대로 사용하면 머릿글(header)이나 꼬리글(footer)에 있는 불필요한 텍스트, 웹페이지의 배너 광고 등 불필요한 정보가 같이 인쇄됩니다. 이때 웹페이지에서 필요한 부분만 추출해서 인쇄하면 문서의 가독성을 높이고 종이 낭비도 줄일 수 있습니다.

인쇄 범위 지정하기

01 엣지에서는 인쇄할 페이지를 열고 화면 상단의 '메모 추가'를 클릭합니다.

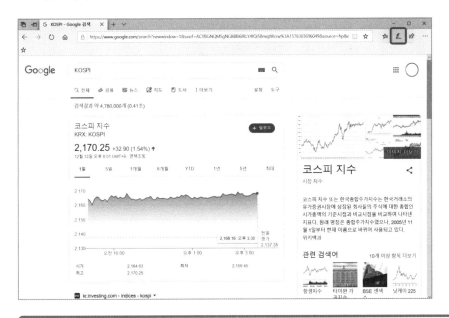

> **MEMO**
> 크롬에서는 인쇄할 웹페이지를 열고 메뉴에서 '인쇄'를 선택합니다. 100쪽과 같이 '배경 그래픽'을 켜면 높은 해상도로 인쇄할 수 있습니다.

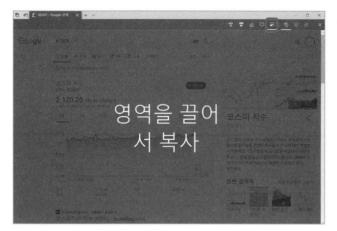

02 '잘라내기'를 클릭하면 인쇄 범위를 선택할 수 있습니다.

03 인쇄할 범위를 마우스로 드래그합니다. 지정한 범위는 자동으로 복사됩니다.

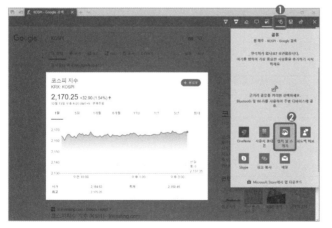

04 화면 상단의 '웹 메모 공유'를 클릭하고 '캡처 및 스케치'를 선택합니다.

> **MEMO**
> '캡처 및 스케치'가 보이지 않는다면 'Microsoft Store에서 앱 다운로드'를 클릭하고 '캡처 및 스케치'를 검색해서 실행합니다.

05 캡처 및 스케치 프로그램이 표시됩니다. 오른쪽 위 메뉴 버튼을 클릭하고 '인쇄'를 선택해 인쇄할 수 있습니다.

크롬에서 인쇄 영역 지정하기

크롬에서는 인쇄할 부분의 텍스트를 드래그해서 선택한 상태에서 '인쇄' ➡ '설정 더보기'를 클릭한 후 '선택 영역만'에 체크합니다.

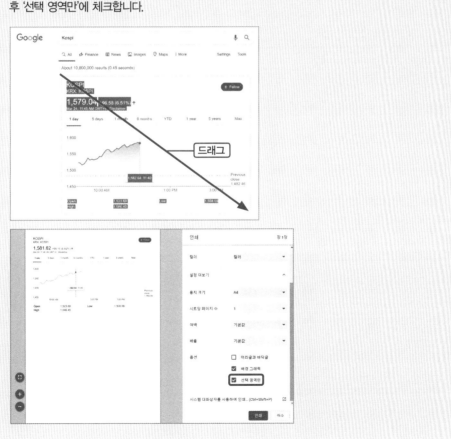

A4 용지 1장에 모아서 인쇄하기

서류는 가능하면 다루기 쉽게 A4 용지 1장으로 만드는 것이 좋습니다. 웹페이지를 기본 설정 그대로 인쇄하면 때에 따라 일부분이 다음 페이지로 넘어가는 경우도 있습니다. 이때 다음에 소개하는 방법을 사용해 A4 용지 1장에 모아서 인쇄할 수도 있습니다.

가장 먼저 시도해볼 만한 것은 페이지 여백 설정입니다. 상하좌우 여백을 모두 '0'으로 설정해 봅니다. 여백 조정만으로 충분하지 않으면 페이지 전체를 축소해서 인쇄할 수 있습니다. 이렇게 해도 인쇄가 어렵다면 '양면 인쇄' 혹은 '1장에 여러 페이지를 인쇄'와 같이 분할 인쇄를 하는 것도 좋습니다.

01 엣지에서 메뉴 버튼을 클릭하고 '인쇄'를 선택한 뒤 '여백'을 '좁게'로 변경합니다.

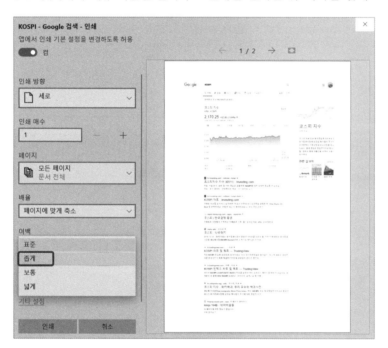

02 여백 조정으로 충분하지 않은 경우에는 인쇄 범위 전체를 축소해 봅니다.

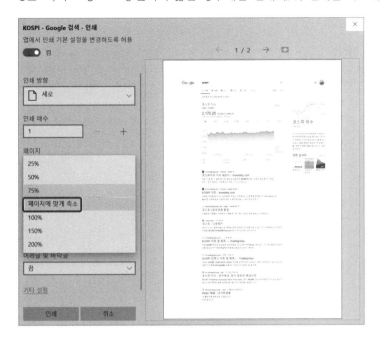

03 그래도 A4 1장에 들어가지 않는 경우에는 양면 인쇄나 분할 인쇄를 사용합니다.

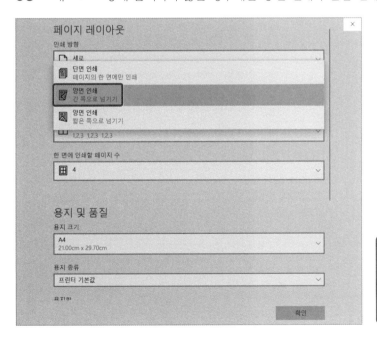

MEMO
인쇄 관련 설정은 사용하는
프린터에 따라 다를 수 있습
니다. 자세한 내용은 각 제
품 설명서를 확인하는 것이
좋습니다.

NOTE

배경 그래픽 남겨 두기

배경 그래픽을 남겨 두면 배경을 없애고 인쇄를 하는 것보다 인쇄 품질이 좋은 경우가 있습니다. 크롬 혹은 인터넷 익스플로러(Internet Explorer)에서 이 기능을 사용할 수 있습니다.

인터넷 익스플로러에서는 '도구' ➡ '인쇄' ➡ '용지 옵션' ➡ '배경색 및 이미지 인쇄'를 체크합니다.

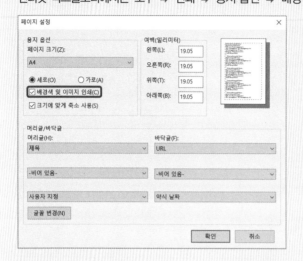

크롬에서는 '인쇄' ➡ '설정 더보기'를 클릭한 후 '배경 그래픽'에 체크합니다.

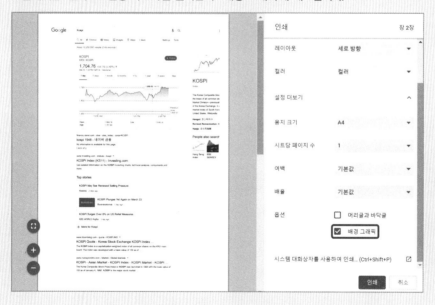

21

간편하게 이미지 처리하고
화면 캡처하기

프레젠테이션용 사진이나 고객용 자료 템플릿에 넣을 사진을 만드는 등 회사원도 이미지를 다룰 일이 종종 있습니다. 이때 어도비(Adobe) 사의 포토샵(Photoshop)과 같은 이미지 전용 프로그램을 쓸 필요 없이 윈도우 10에서 기본으로 제공되는 사진 프로그램을 사용할 수 있습니다.

사진 프로그램으로 이미지 편집 및 보정하기

사진 프로그램에서는 이미지 자르기, 회전, 밝기·대비(콘트라스트)·색조 조정, 문자 입력 등을 할 수 있습니다.

01 사진 프로그램에서 이미지를 열고 '편집 및 만들기' ➡ '편집' 순서로 선택합니다.

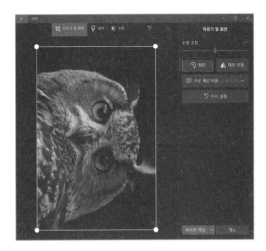

02 '회전'을 클릭해 이미지를 회전할 수 있습니다.

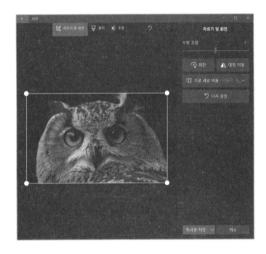

03 이미지의 흰색 경계선을 움직여 이미지를 잘라냅니다.

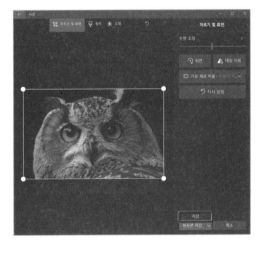

04 '복사본 저장' 버튼 오른쪽 옆에 있는 드롭다운 메뉴를 클릭한 뒤 '저장' 버튼을 클릭해 편집 내용을 저장합니다.

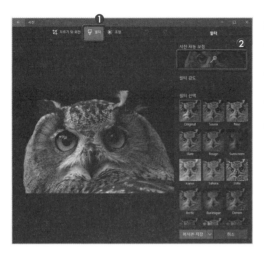

05 '필터'의 '사진 자동 보정'에 표시된 섬네일을 클릭해 이미지를 자동 보정합니다. 원하는 대로 조정되지 않으면 섬네일에 표시된 '필터 강도' 바를 드래그해서 보정 정도를 조정할 수 있습니다.

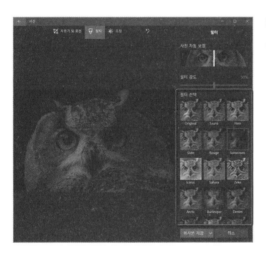

06 '필터 선택'에서는 한 번의 클릭으로 다양한 유형의 보정을 수행할 수 있습니다.

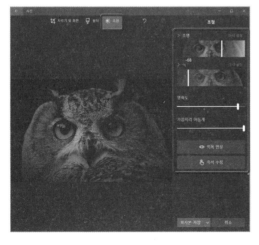

07 직접 이미지를 수정하려면 '조정'에서 '조명(밝기)', '색', '명확도(콘트라스트)' 등을 수정할 수 있습니다.

손쉽게 화면 캡처하기

윈도우 10에는 캡처 전용 프로그램인 캡처 도구(Snipping Tools)가 탑재되어 있습니다. 바탕 화면 전체의 스크린샷은 물론, 창 혹은 임의의 범위를 지정해서 화면을 캡처할 수 있습니다. 일정 시간 뒤에 캡처가 실행되는 지연 촬영도 가능합니다.

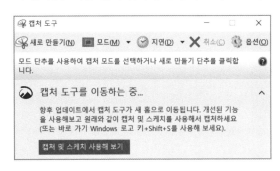

NOTE

윈도우 10 이전 버전을 사용한다면 그림판에서 캡처하자

만약 윈도우 10 이전 버전 윈도우를 사용하고 있다면 그림판에서 스크린샷을 편집할 수 있습니다. 키보드의 PrintScreen 을 눌러 전체 화면을 캡처하고 그림판을 실행한 뒤 Ctrl + V 로 붙여 넣고 저장합니다.

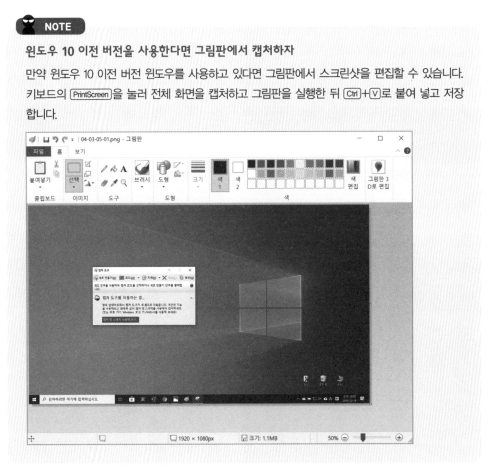

5

설득력 있는 파워포인트
슬라이드 만들기

22 장표는 핵심을 전달해야 한다

사내외에 공유되는 문서나 프레젠테이션(PPT) 자료는 보통 정보를 전달하거나 누군가를 설득하는 목적을 띠고 있습니다. 따라서 파워포인트로 장표를 작성할 때는 무엇보다 **핵심을 분명하게 전달하는 것**이 중요합니다. 아름다운 디자인이나 서식도 중요하지만 이런 요소들은 전달력을 높이는 한 가지 수단일 뿐입니다.

실제 자료를 만들기 전에 먼저 '누구'에게 '무엇'을 전달하고 싶은지 확실하게 결정해야 합니다. 예를 들어 자료를 보는 사람이 사내 직원인지, 기존 고객인지 혹은 신규 고객인지, 무언가를 배우러 온 학생인지 고려합니다. 다음으로 대상자에게 무엇을 전할지, 어떤 감정과 태도로 이 자료를 보는지, 이 자료를 통해 이후 어떤 행동을 할 것인지 등을 생각해야 합니다. 내용을 전할 대상과 주제가 명확해지면 이에 맞춰 데이터를 준비하고 불필요한 요소를 버려서 가능한 한 단순한 형태를 갖도록 정리합니다.

▌요점만 담은 사내 자료

사내에 공유하는 자료는 텍스트 형태로 중요한 점만 정리해도 충분합니다. 보는 사람이 이해하는 데 무리가 없다면 특별히 슬라이드를 꾸밀 필요도 없습니다. 장황하게 만든 자료는 이해하기도 어렵고 오히려 혼란을 야기할 수도 있습니다. 자료를 정리하는 방법은 109쪽에서 자세하게 설명합니다.

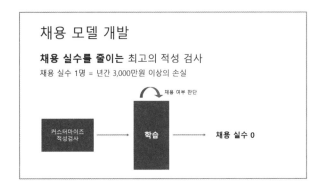

▍지식 전달에 초점을 맞춘 스터디 및 강연회 자료

스터디나 강연회 자료는 주제에 대해 더 잘 알고 싶어 하는 사람을 위한 자료입니다. 학습자는 더욱 세부적인 정보를 원하므로 일반적인 업무 자료와 달리 한 슬라이드에 정보량이 다소 많아도 크게 문제가 없습니다.

머신러닝이란?

어떤 프로그램으로 만들어야 할지 모르는 내용을 대량의 데이터를 활용해 기계에게 학습시킴으로써, 직접적으로 명시적인 프로그래밍을 하지 않고도 컴퓨터에게 원하는 동작을 시키는 것을 말한다. 머신러닝을 위해서는 기본적으로 다음이 필요하다.
1. 컴퓨터에게 해결하도록 하고자 하는 문제
2. 그 문제를 해결하기 위한 학습에 필요한 풍부한 데이터

▍상대를 설득하는 비즈니스 제안서

제안서는 새로운 고객이나 투자자가 보는 문서입니다. 이런 자료에서는 우리 회사의 장점이나 우리 회사와 관계를 맺음으로써 얻을 수 있는 이익과 같이, 고객이 얻을 수 있는 혜택을 강하게 어필해서 설득해야 합니다.

디자인 또한 가능한 한 고객의 선호에 맞춰야 합니다. 예를 들어 투자자들은 세련된 디자인을 선호하는 경향이 있기 때문에, 저는 장표 초안을 직접 만든 다음 전문 디자이너에게 디자인 작업을 맡깁니다.

제가 작성한 초안은 다음과 같습니다. 디자인적인 요소는 완전히 배제하고 꼭 필요한 정보만 모았습니다.

제 초안을 기반으로 전문 디자이너가 수정한 장표입니다. 고객에 따라 이런 배려 또한 필요합니다.

임팩트를 주는 요소에 시간과 노력을 집중하자

저는 구글에서 프로그래머로 일할 때부터 다양한 자료를 만들어 왔습니다. 하지만 디자인이나 발표 슬라이드에 많은 시간과 노력을 들인 적은 거의 없습니다. 구글에서는 무엇보다 의미 있고 임팩트를 주는 것에 시간과 노력을 집중한다는 회사 분위기가 있었습니다. 그래서 사내외 프레젠테이션 자료를 만드는 노력은 회사 매출과 별 관련이 없고 회사도 그런 일을 하라고 내게 급여를 주는 게 아니므로 구글의 일원으로서 그런 일에 노력을 쏟을 필요가 없다는 결론에 이르렀습니다.

사내용 PPT 디자인에 많은 시간과 노력을 들이더라도 '좋다'고 평가해 주는 직원은 거의 없습니다. 자료의 가치는 내용의 좋고 나쁨을 기준으로 평가하기 때문입니다. 그렇다면 평가받지 않는 부분에 시간과 노력을 들이는 것은 낭비입니다. 한편 디자인이나 슬라이드 자체를 평가하는 사람들도 있습니다. 예를 들면 투자자가 그렇습니다. 이런 경우는 문서의 디자인 또한 임팩트를 가지는 요소가 됩니다.

여러분이 만드는 자료는 어느 쪽인가요? 사내 직원 혹은 이미 충분한 관계를 맺은 고객과 정보를 공유하는 목적이라면 필요한 내용을 간단히 정리해서 전달해도 충분합니다. 슬라이드 디자인은 단순히 예쁜 자료를 만들기 위해서가 아니라 이해를 높이기 위한 수단으로 생각해야 하며, 그 이외의 목적으로는 사용하지 않는 것이 좋습니다.

23 이해하기 쉬운 슬라이드를 만드는 7가지 원칙

누구에게 무엇을 전달할지 결정했다면 실제로 자료를 만들 차례입니다. 알기 쉽고 이해하기 쉬운 슬라이드는 다음 7가지 원칙을 갖고 있습니다.

- 문장은 한 줄로 간략하게 정리한다.
- 기술 프레젠테이션 자료에서는 긴 문장을 사용해도 관계없다.
- 짧은 문장은 고딕 계열, 긴 문장은 명조 계열 글꼴을 사용한다.
- 중요한 부분은 굵게 하거나 크기를 키운다.
- 색상 사용은 절제한다.
- 규칙에 맞춰 배치한다.
- 자료를 보는 사람의 입장에서 다시 확인한다.

이 원칙을 잘 지키면 이해하기 쉬운 자료를 만들 수 있습니다. 그 외에 슬라이드 디자인에 관해서는 각자 선호도나 대상자에 맞춰 수정해 가는 것이 좋습니다.

▌문장은 한 줄로 간략하게 정리한다

슬라이드에서 문장은 한 줄로 정리하고 긴 문장은 되도록 피합니다. 여러 줄에 걸친 텍스트는 읽기 힘듭니다. 한 번만 보더라도 눈에 들어오고 이해되도록 하는 것이 이상적입니다. 그러려면 불필요한 요소를 없애고 또 없애야 합니다. 아무리 줄이고 다듬어도 여러 줄이 된다면 적당히 호흡을 끊는 곳에서 줄을 바꾸는 것이 좋습니다.

특별히 캐치프레이즈(catch phrase) 같은 요소를 넣을 필요는 없습니다. 평이한 문장으로도 충분합니다. 짧은 문장으로 충분히 설명할 수 없는 경우에는 프레젠테이션 시 말로 설명해서 보충합니다. 여러 줄이 된다면 의미 단위로 나누어 적절하게 줄을 바꿉니다.

▶ 간략하게 정리한 문서

▌기술 프레젠테이션 자료에서는 긴 문장을 사용해도 관계없다

모든 자료를 짧은 문장 한 줄로 정리해야 하는 것은 아닙니다. 기술 프레젠테이션 자료는 읽기도 쉬워야 하지만 정확하고 상세한 내용을 전달할 필요도 있습니다. 그래서 다소 긴 문장을 사용해도 괜찮습니다. 기술적인 내용을 짧은 문장으로 무리하게 정리하다가 필요한 정보가 생략되면 오해할 여지가 생기고 오히려 이해하기 어려워질 수도 있습니다.

스터디 혹은 강연회와 같이 무언가를 배우기 위해 참석한 청중이 보는 자료라면 어느 정도 긴 문장을 사용해도 문제가 없습니다. 이런 사람들은 지식을 습득하겠다는 의지와 집중력을 가지고 있기 때문입니다.

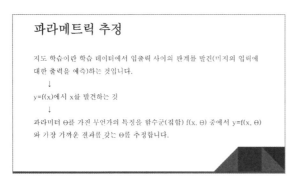

▶ 엔지니어 대상 '머신러닝 입문' 프레젠테이션 자료

▌짧은 문장은 고딕 계열, 긴 문장은 명조 계열 글꼴을 사용한다

글꼴(폰트)에 따라 문장의 접근성이나 인상이 달라집니다. 글꼴 사용에 정답은 없지만, 일반적으로 짧은 문장은 고딕 계열, 긴 문장은 명조 계열이 좋다고 알려져 있습니다. 읽는 사람이 선호하는 글꼴 또한 무시할 수 없으므로 우선 기본적인 슬라이드를 만든 뒤 자료를 읽는 사람의 입장에서 슬라이드를 확인하면서 문장이 읽기 어렵지 않은지, 현재 글꼴로 전달하려는 내용이 정확하게 상대방에 전달될 것인지 가늠합니다.

AI 인사

AI 인사 = 데이터 주도로 사람에 대한 의존성이 낮은 인사

인사 과제는 매우 **추상적**이기 때문에 **수치화하기 어려운** 과제가 많음
=> 결과적으로 **사람에 대한 의존성**이 높음

당사는 우선
채용 모델 개발
배치 모델 개발
에 주력함

파라메트릭 추정

지도 학습이란 학습 데이터에서 입출력 사이의 관계를 발견(미지의 입력에
대한 출력을 예측)하는 것입니다.
↓
y=f(x)에서 x를 발견하는 것
↓
파라미터 θ를 가진 무언가의 특징을 함수군(집합) f(x, θ) 중에서 y=f(x, θ)
와 가장 가까운 결과를 찾는 θ를 추정합니다.

▶ 문장 길이에 따라 각각 고딕과 명조 글꼴을 사용한 예시

▌중요한 부분은 굵게 하거나 크기를 키운다

짧은 문장 안에서도 키워드가 되는 중요한 부분을 굵게 강조하거나, 글꼴 크기를 2포인트 가량 키우면 주목도가 한층 높아집니다. 거꾸로 조사처럼 중요하지 않은 글자는 글꼴 크기를 약간 줄일 수도 있습니다. 이렇게 문자에 강약을 만들면 중요한 부분이 자연스럽게 눈에 들어옵니다. 글꼴 색을 일부 바꾸어서 강조하는 방법도 있지만, 저는 그 방법을 거의 사용하지 않습니다. 색상이 늘어나면 이내 읽기 어려워지기 때문입니다.

▶ 중요한 키워드를 더 굵게 표시

▌색상 사용은 절제한다

문자에 색을 넣을 때는 색 균형에 충분히 주의합니다. 색상 사용과 관련해 '70:25:5'라는 법칙이 있습니다. 기본색, 보조색, 강조색 세 가지를 70:25:5 비율로 사용하면 색의 균형이 잘 맞는다는 법칙입니다. 솔직히 저는 디자이너 같은 색감을 가지고 있지 않습니다. 그래서 디자인 법칙에 맞춰 자료를 만들고 있습니다.

70:25:5 법칙을 프레젠테이션 자료에 적용해 보면 기본색은 배경색(흰색 등), 보조색은 글꼴 색(검정 등), 강조색은 강조하고 싶은 부분이나 그림, 일러스트가 됩니다. 굳이 법칙을 따지지 않더라도 한 슬라이드에 너무 많은 색상을 사용하면 오히려 읽기 어려워지는 것을 알 수 있습니다.

다음은 극단적인 예시지만, 슬라이드 한 장에 너무 많은 색을 사용하면 읽기가 어려워집니다.

▶ 색상을 과도하게 사용한 경우와 한 가지 강조색만 사용한 경우

규칙에 맞춰 배치한다

문자나 그림 등 슬라이드에 포함하는 요소들을 무질서하게 배치하면 읽기 어려워집니다. 요소별로 규칙에 맞게 배치합니다. 예를 들어 문자는 가운데 맞춤 또는 왼쪽 맞춤으로 정렬하고, 들여쓰기는 한 글자 간격으로 통일하고, 나란히 늘어놓는 정보는 세로 축의 길이를 동일하게 맞추거나 가로 축으로 나란히 배열하는 등의 규칙을 따를 수 있습니다. 각 요소들을 규칙에 맞게 배치함으로써 전체적으로 통일감을 줄 수 있습니다.

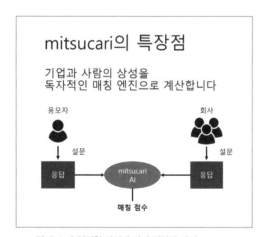

▶ 그림 요소가 일정한 간격에 맞게 정렬된 예시

자료를 보는 사람의 입장에서 다시 확인한다

자료 작성을 마친 후 자료가 목적에 맞게 알기 쉽게 정리되었는지 한 번 더 확인합니다. 작성자가 아닌 청중의 눈으로 자료를 검토하면 어디가 이해하기 어려운지 또는 오해할 여지가 있는지 혹은 더 개선할 수 있는 부분이 있는지 보입니다.

24 글꼴은 크기, 굵기, 색으로 꾸미자

슬라이드 텍스트에서 강조할 부분이 있으면 글꼴을 꾸며서 강조할 수 있습니다. 글꼴을 꾸미는 방법은 글꼴 크기를 늘리거나, 굵기를 변경하거나, 색을 변경하는 정도면 충분합니다.

이 외에도 밑줄을 긋거나 기울임꼴(이탤릭)을 사용하는 방법도 있습니다. 두 방법 모두 눈에 띄기는 하지만 동시에 내용을 읽기 어려워질 수 있어 추천하지는 않습니다. 하지만 참고를 위해 이 방법들도 함께 소개합니다. 밑줄이나 기울임꼴은 일반적으로 긴 문장에서 특정한 부분을 강조할 때 효과가 있습니다. 글꼴 크기, 굵기, 글꼴 색 변경 등만으로 충분하지 않을 경우 사용해 보세요.

▌크기 조절하기

01 글꼴 크기를 변경할 문자열을 선택합니다.

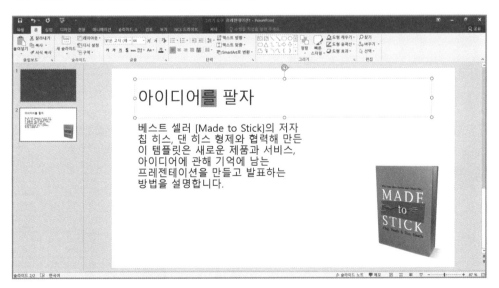

02 '홈' 탭의 '글꼴 크기'에서 글꼴 크기를 선택합니다.

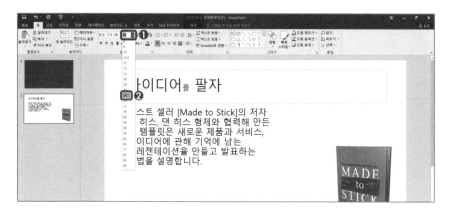

▌굵기 조절하기

01 문자 굵기를 변경할 문자열을 선택합니다.

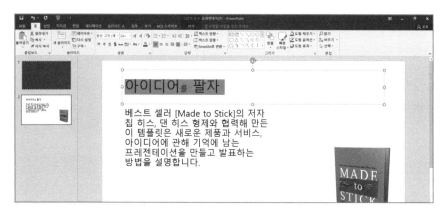

02 '홈' 탭의 '굵게' 버튼을 클릭합니다. 또는 단축키 [Ctrl]+[B]를 누릅니다.

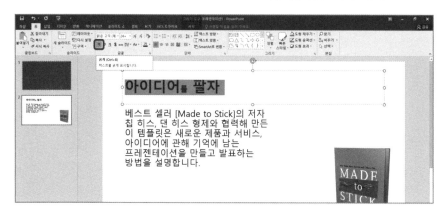

▌색 조절하기

01 색을 변경할 문자열을 선택합니다.

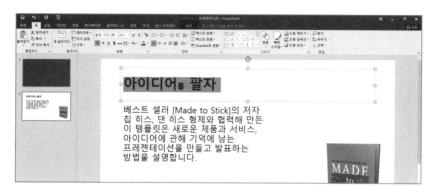

02 '홈' 탭의 '글꼴 색' 버튼을 클릭하고 변경할 색을 선택합니다.

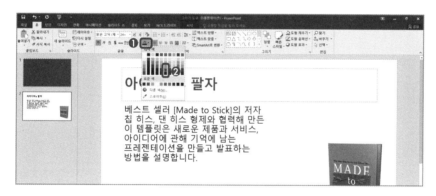

▌밑줄 긋기

01 밑줄을 그을 문자열을 선택합니다.

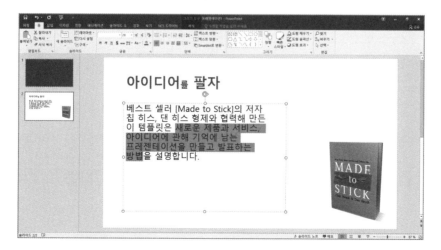

02 '홈' 탭의 '밑줄' 버튼을 클릭합니다. 또는 단축키 Ctrl + U 를 누릅니다.

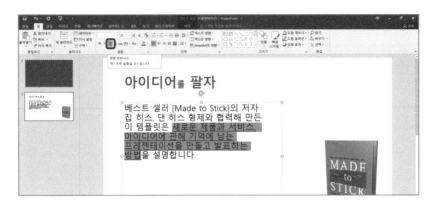

기울임꼴 적용하기

01 기울임꼴을 적용할 문자열을 선택합니다.

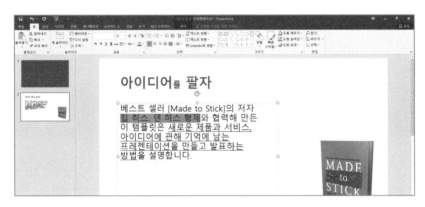

02 '홈' 탭의 '기울임꼴' 버튼을 클릭합니다. 또는 단축키 Ctrl + I 를 누릅니다.

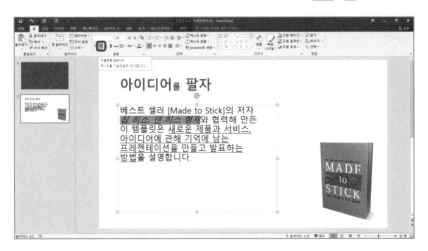

25

깔끔하게 정렬하고
충분한 여백을 두자

문자나 그림을 보기 좋게 표시하려면 규칙에 맞춰 정렬하고 충분한 여백을 두어야 합니다. 무질서하게 배치된 데이터는 읽기도 어렵습니다. 또한 슬라이드 공간에 문장이나 그림이 빽빽하게 배치되어 있으면 요점이 잘 보이지 않고 보는 사람에게 스트레스를 줘서 내용을 이해하기 어렵게 됩니다. 불필요한 정보는 가능한 한 없애고 필요한 데이터만 규칙에 맞게 배치하면 이해하기 쉽고 잘 전달되는 자료를 만들 수 있습니다.

> **NOTE**
>
> **여백을 사용할 때 주의할 점**
>
> 페이지가 문장이나 그림으로 가득 차지 않도록 여백을 확보할 때는 다음 사항에 유의합니다.
> - 억지로 빈 곳을 채우려고 하지 않기
> - 꼭 필요하지 않은 요소를 추가하지 않기
> - 그림이나 사진 크기를 알아볼 수 있는 수준 이상으로 무리하게 키우지 않기

스마트 가이드를 참고해 배치하기

파워포인트에서 슬라이드의 텍스트와 그림을 배치할 때는 스마트 가이드를 이용하는 것이 좋습니다. 직관적으로 요소를 배치할 곳으로 보여주기 때문에 이용하기 쉽습니다.

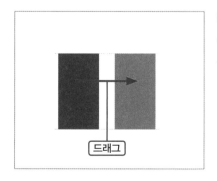

01 개체(도형)를 드래그해서 이동합니다. 개체 사이에 스마트 가이드가 표시됩니다. 가이드를 참고해 도형을 이동하면 깔끔하게 배치할 수 있습니다.

02 Ctrl + Shift 를 누르면서 드래그하면 중심축을 유지하면서 개체를 복제할 수 있습니다.

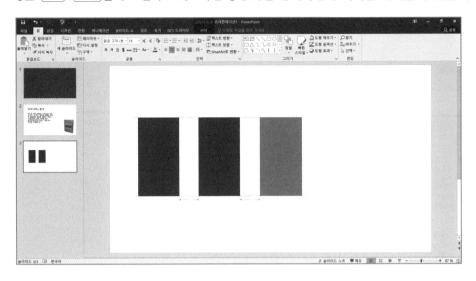

개체 정렬하기

스마트 가이드만으로 개체를 배치하기 어렵다면 개체 정렬 기능을 사용할 수 있습니다. 도형뿐만 아니라 텍스트 상자도 동일하게 정렬할 수 있습니다.

01 정렬하려는 개체를 드래그해서 선택합니다.

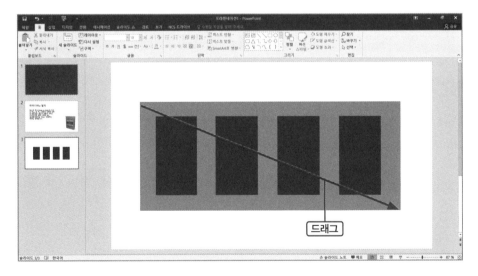

드래그

02 '홈'에서 '정렬'을 클릭하고 '개체 위치' ➡ '맞춤'(혹은 '서식'에서 '맞춤')에서 정렬 방법을 선택합니다. 여기서는 '위쪽 맞춤'을 적용해 정렬합니다. 각 개체의 위쪽 선을 기준으로 정렬됩니다.

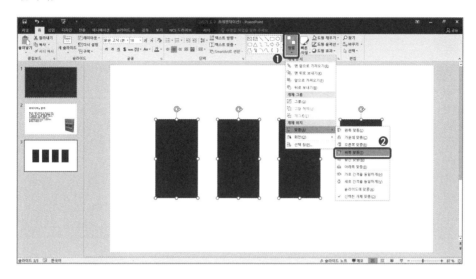

03 '가운데 맞춤'을 적용하면 각 개체의 가운데 선을 기준으로 정렬됩니다.

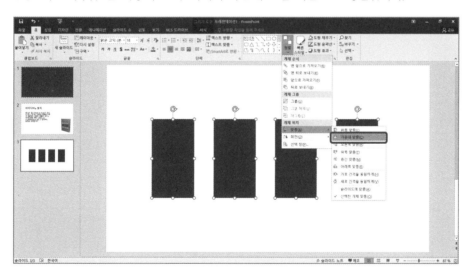

04 텍스트 상자를 선택하고 '왼쪽 맞춤'으로 정렬합니다.

05 두 텍스트 상자의 왼쪽 끝을 기준으로 나란히 정렬됩니다.

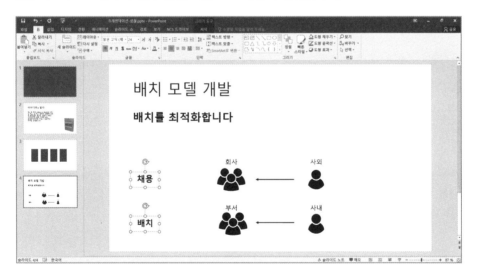

6

한눈에 보이는
엑셀 데이터 정리하기

26 복잡한 데이터를 보기 쉬운 표로 꾸미는 방법

엑셀에서 보기 쉽고 이해하기 쉬운 표(테이블)를 만들면 입력 작업이 편하고 입력 실수도 줄어듭니다. 복잡해서 이해하기 어려운 표로 작업하려면 데이터를 어느 셀에 입력해야 할지 확인하기 어렵고, 값도 알아보기 어려워서 데이터를 입력하면서 실수가 많아집니다.

보기 쉬운 표는 어디에 어떤 정보가 있는지 즉시 알 수 있습니다. 예를 들어 흰 배경에 중요한 부분의 숫자를 굵게 하거나, 기울임꼴로 표시하거나, 또는 제목 행의 색을 바꾸기만 해도 표를 충분히 보기 쉽게 할 수 있습니다. 제목 행의 문자 수나 크기에 따라 셀의 폭과 높이에 여유를 주면 더 좋겠지요. 하지만 겉보기와 디자인은 부수적인 문제입니다. 어디까지나 주인공은 표의 데이터입니다. 파워포인트 슬라이드와 마찬가지로 엑셀에서도 데이터를 읽기 어렵게 하는 과도한 꾸밈이나 색 사용은 하지 않아야 합니다.

중요한 숫자를 굵게 하기

표에서 중요한 데이터는 굵게 표시합니다. 그 외에는 기본 표 그대로 두어도 관계없습니다. 또한 다른 부분을 강조하려면 기울임꼴을 사용하는 것도 좋습니다.

설비투자계획

		2017-3	2018-3	**2019-3**	2020-3	2021-3	**2022-3**	2023-3	2024-3	**2025-3**	2026-3
	년	1	2	**3**	4	5	**6**	7	8	**9**	10
설비투자	백만원	30,000	35,000	**40,000**	45,000	50,000	**55,000**	60,000	65,000	**70,000**	75,000
상각년수	년	20	20	**20**	20	20	**20**	20	20	**20**	20

감가상각

		2017-3	2018-3	**2019-3**	2020-3	2021-3	**2022-3**	2023-3	2024-3	**2025-3**	2026-3
투자시기	년	1	2	**3**	4	5	**6**	7	8	**9**	10
2017-3	백만원	1,500	1,500	**1,500**	1,500	1,500	**1,500**	1,500	1,500	**1,500**	1,500
2018-3	백만원		1,750	**1,750**	1,750	1,750	**1,750**	1,750	1,750	**1,750**	1,750
2019-3	**백만원**			**2,000**	2,000	2,000	**2,000**	2,000	2,000	**2,000**	2,000
2020-3	백만원				2,250	2,250	**2,250**	2,250	2,250	**2,250**	2,250
2021-3	백만원					2,500	**2,500**	2,500	2,500	**2,500**	2,500
2022-3	**백만원**						**2,750**	2,750	2,750	**2,750**	2,750
2023-3	백만원							3,000	3,000	**3,000**	3,000
2024-3	백만원								3,250	**3,250**	3,250
2025-3	**백만원**									**3,500**	3,500
2026-3	백만원										3,750
합계	백만원	1,500	3,250	**5,250**	7,500	10,000	**12,750**	15,750	19,000	**22,500**	26,250

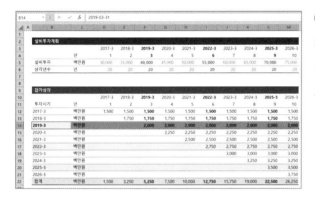

01 굵게(혹은 기울임꼴) 표시하고 싶은 문자열을 선택합니다.

02 Ctrl + B 를 눌러 선택한 문자열을 굵게 바꿉니다. 혹은 Ctrl + I 를 눌러 기울임꼴로 바꿀 수도 있습니다.

셀 색으로 내용 구분하기

어떤 데이터인지 알기 쉽게 하도록 하기 위해 제목 행의 색을 부분별로 다르게 지정합니다. 다음 표에서 큰 제목 행은 파란색과 다홍색, 중간 제목 행은 녹색으로 설정했습니다. 마찬가지로 숫자를 직접 입력한 부분과 계산식을 사용해 자동으로 계산되는 부분을 각각 옅은 노란색과 흰색으로 나누었습니다. 또한 입력하지 않았거나 예측값이 들어갈 부분은 분홍색으로 표시했습니다.

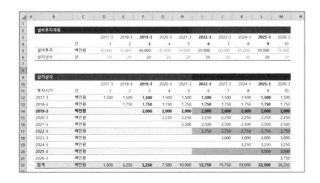

01 색을 변경하고 싶은 셀을 선택합니다.

02 툴 바에서 '채우기 색'을 클릭하고 색 팔레트에서 원하는 색을 선택합니다.

문자열은 왼쪽 정렬, 숫자는 오른쪽 정렬하기

제목 등의 문자열은 왼쪽 정렬합니다. 항목 이름의 첫머리가 왼쪽으로 가지런히 정리되어 세로로 배치한 항목들을 쉽게 읽을 수 있습니다. 숫자는 오른쪽 정렬을 한 뒤 천 단위로 콤마(,)를 넣습니다. 같은 위치에서 자릿값이 끊어지기 때문에 숫자의 크기를 한눈에 쉽게 알 수 있습니다.

			2017-3	2018-3	2019-3	2020-3	2021-3	2022-3	2023-3	2024-3	2025-3	2026-3
설비투자계획												
		년	1	2	3	4	5	6	7	8	9	10
설비투자	백만원		30,000	35,000	40,000	45,000	50,000	55,000	60,000	65,000	70,000	75,000
상각년수	년		20	20	20	20	20	20	20	20	20	20
감가상각												
			2017-3	2018-3	2019-3	2020-3	2021-3	2022-3	2023-3	2024-3	2025-3	2026-3
투자시기	년		1	2	3	4	5	6	7	8	9	10
2017-3	백만원		1,500	1,500	1,500	1,500	1,500	1,500	1,500	1,500	1,500	1,500
2018-3	백만원			1,750	1,750	1,750	1,750	1,750	1,750	1,750	1,750	1,750
2019-3	백만원				2,000	2,000	2,000	2,000	2,000	2,000	2,000	2,000
2020-3	백만원					2,250	2,250	2,250	2,250	2,250	2,250	2,250
2021-3	백만원						2,500	2,500	2,500	2,500	2,500	2,500
2022-3	백만원							2,750	2,750	2,750	2,750	2,750
2023-3	백만원								3,000	3,000	3,000	3,000
2024-3	백만원									3,250	3,250	3,250
2025-3	백만원										3,500	3,500
2026-3	백만원											3,750
합계	백만원		1,500	3,250	5,250	7,500	10,000	12,750	15,750	19,000	22,500	26,250

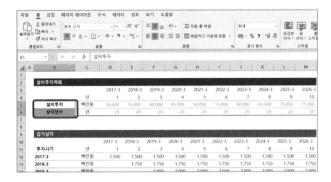

01 제목 문자열을 선택합니다.

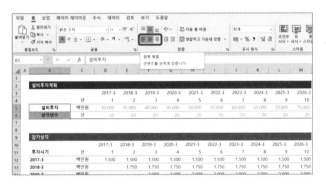

02 툴 바에서 '왼쪽 맞춤', '가운데 맞춤', '오른쪽 맞춤' 중 하나를 클릭합니다.

행 높이와 열 너비 설정하기

행 높이는 글꼴 크기의 1.6배로 설정하면 내용을 알아보기 더 편해집니다. 글꼴 크기가 10 포인트라면 행의 높이는 그 1.6배인 16 포인트로 설정하는 것입니다. 열 너비는 제목 문자가 모두 들어가면서도 적절한 여백을 갖도록 합니다. 연관 항목의 너비도 일정한 비율로 맞춰 두는 것이 좋습니다.

01 행 높이와 열 너비를 수동으로 조절할 수 있습니다. 행과 열 경계 부분을 드래그하거나 더블클릭해서 늘리거나 줄입니다.

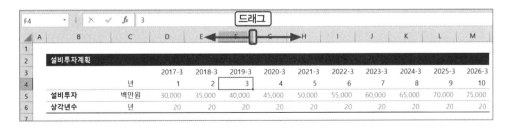

02 행 높이와 열 너비를 포인트 단위로 정확한 수치를 입력해서 조절할 수도 있습니다. 셀을 선택한 후 '홈'에서 '서식' ➡ '행 높이'(혹은 '열 너비')를 클릭합니다.

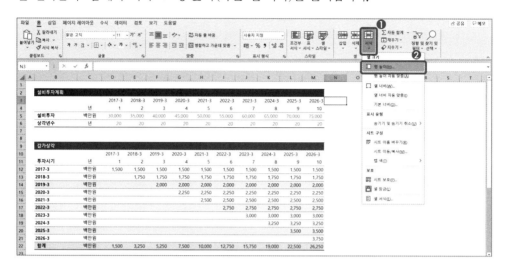

03 숫자 값을 지정하고 '확인' 버튼을 클릭하면 값이 반영됩니다.

템플릿을 사용해 보기 쉬운 표를 만들자

처음부터 표를 반드시 직접 만들 필요는 없습니다. 손익 계산서나 매출 보고서, 경비 보고서, 지출 관리서 등 일반적인 업무에 쓰는 표는 인터넷에서 템플릿을 다운로드해 필요에 맞게 수정하는 게 더 효율적입니다. 또한 좋은 템플릿을 참고해서 작성해 보면 보기 좋은 표를 만드는 학습도 할 수 있습니다.

다음은 마이크로소프트에서 공식적으로 제공하는 손익 계산서 템플릿입니다. 마이크로소프트 오피스 서식 및 테마 페이지(https://templates.office.com)에서 더 많은 템플릿을 다운로드할 수 있습니다.

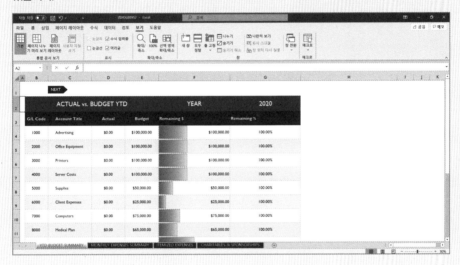

27

CHAPTER 6

손이 10배 빨라지는
데이터 입력 방법

지금까지 여러 차례 얘기했지만 마우스 조작을 키보드 입력으로 처리하면 작업 시간을 놀라울 만큼 단축할 수 있습니다. 엑셀도 마찬가지입니다. 자주 반복하는 작업은 가능한 한 단축키로 처리하는 것이 좋습니다.

또한 엑셀에는 셀 데이터를 간편하게 복사하고 붙여 넣는 여러 기능이 있습니다. 이런 기능을 잘 활용하면 많은 데이터를 입력할 때도 반복 작업을 피할 수 있습니다.

몸에 익혀야 할 최소한의 엑셀 단축키

엑셀 기능에 단축키가 할당되어 있지만 모든 단축키를 무리해서 기억할 필요는 없습니다. 자주 쓰는 기능의 단축키만 알아 두고 매일 사용하다 보면 자연히 몸이 기억하게 됩니다. 단축키를 사용하는 목적은 어디까지나 업무를 효율화하기 위함입니다. 단축키를 많이 쓰려고 해도 무슨 키인지 생각해 내는데 시간이 걸린다면 마우스로 직접 클릭하는 편이 빠를 것입니다.

▌셀 이동하고 입력하기

설명	단축키
오른쪽(왼쪽) 셀로 이동하기	Tab (Shift + Tab)
가장 가까운 빈 셀로 이동하기	Ctrl + ↑ / ↓ / ← / →
표에서 맨 앞 셀(맨 뒤 셀)로 이동하기	Ctrl + Home (Ctrl + End)
1페이지만큼 아래(위)로 스크롤하기	PageDown (PageUp)
같은 데이터 입력하기	Alt + ↓
셀에 입력된 값 수정하기	(원하는 셀에 마우스 포인터를 두고) F2

▌행과 열 삽입하고 삭제하기

설명	단축키
행과 열 삽입하기	(행이나 열을 선택하고) Ctrl + +
행과 열 삭제하기	(행이나 열을 선택하고) Ctrl + −
행 선택하기	Shift + Space
열 선택하기	Ctrl + Space

▌날짜 및 시각 입력하기

설명	단축키
현재 날짜 입력하기	Ctrl + ;
현재 시각 입력하기	Ctrl + Shift + ;

▌기타

설명	단축키
직전에 수행한 작업 반복하기	F4

빠르게 복사하고 붙여넣기

엑셀에서 셀을 복사하고 붙여 넣는 작업은 다소 복잡합니다. 기본적으로 셀의 문자열이나 수식을 복사하고 붙여 넣을 수도 있습니다. 뿐만 아니라 셀의 값이나 수식만 복사하거나 혹은 서식을 포함해서 복사한 후 붙여 넣는 등 붙여넣기를 하는 셀의 내용을 선택할 수 있습니다. 그래서 여러 가지 복사 및 붙여넣기 기능의 차이를 잘 이해하고 사용하면 셀에 데이터를 입력하고 서식을 지정하는 노력을 대폭 줄일 수 있습니다.

▌복사한 셀을 Enter 로 붙여넣기

01 B3 셀을 클릭해 선택한 후 Ctrl + C 를 눌러 복사합니다. C3 셀을 클릭해 붙여 넣을 셀을 선택합니다.

02 Enter를 누르면 복사한 셀의 내용이 붙여넣기 됩니다.

▌위 셀을 복사하고 붙여넣기

01 B4 셀을 클릭해 붙여 넣을 셀을 선택합니다.

02 Ctrl + D를 누르면 바로 위 셀(B3 셀) 내용이 붙여넣기 됩니다.

▌왼쪽 셀을 복사하고 붙여넣기

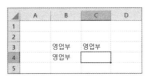

01 C4 셀을 클릭해 붙여 넣을 셀을 선택합니다.

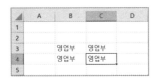

02 Ctrl + R을 누르면 왼쪽 셀(B4 셀) 내용이 붙여넣기 됩니다.

▌셀 데이터의 형식을 선택해서 복사하고 붙여넣기

셀의 값만 복사하거나, 수식만 복사하거나, 혹은 셀의 서식까지 포함해 복사한 뒤 Ctrl + Alt + V를 누르면 선택한 형식만 붙여넣기 됩니다.

	A	B	C	D	E	F	G	H
1		1월	2월	3월	4월	5월	6월	
2	영업1부	180.00	160.00	130.00	170.00	155.00	99.00	
3	영업2부	160.00	150.00	166.00	230.00	134.00	100.00	
4	영업3부	150.00	180.00	125.00	111.00	155.00	113.00	
5	영업4부	140.00	170.00	150.00	198.00	230.00	212.00	
6	영업5부	130.00	160.00	130.00	170.00	155.00	102.00	
7	합계	760.00	820.00	701.00	879.00	829.00		
8								

01 표에서 E7 셀을 복사한 뒤 G7 셀을 클릭하고 Ctrl + Alt + V를 누릅니다.

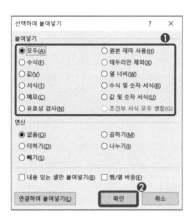

02 선택하여 붙여넣기 화면이 표시됩니다. '붙여넣기' 목록에서 복사할 형식(수식, 값, 서식 등)을 선택한 뒤 '확인' 버튼을 클릭합니다.

03 여기서 E7 셀에는 SUM 함수가 지정되어 있습니다. **02**에서 '수식'을 선택했다면 복사한 E7 셀의 수식이 G7 셀에 붙여넣기 됩니다.

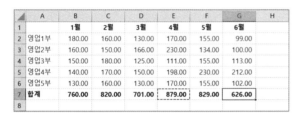

	A	B	C	D	E	F	G	H
1		1월	2월	3월	4월	5월	6월	
2	영업1부	180.00	160.00	130.00	170.00	155.00	99.00	
3	영업2부	160.00	150.00	166.00	230.00	134.00	100.00	
4	영업3부	150.00	180.00	125.00	111.00	155.00	113.00	
5	영업4부	140.00	170.00	150.00	198.00	230.00	212.00	
6	영업5부	130.00	160.00	130.00	170.00	155.00	102.00	
7	합계	760.00	820.00	701.00	879.00	829.00	626.00	
8								

04 02에서 '값'을 선택했다면 복사한 E7 셀의 값(879.00)이 G7 셀에 붙여넣기 됩니다.

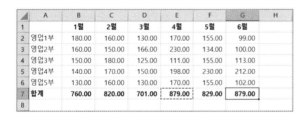

	A	B	C	D	E	F	G	H
1		1월	2월	3월	4월	5월	6월	
2	영업1부	180.00	160.00	130.00	170.00	155.00	99.00	
3	영업2부	160.00	150.00	166.00	230.00	134.00	100.00	
4	영업3부	150.00	180.00	125.00	111.00	155.00	113.00	
5	영업4부	140.00	170.00	150.00	198.00	230.00	212.00	
6	영업5부	130.00	160.00	130.00	170.00	155.00	102.00	
7	합계	760.00	820.00	701.00	879.00	829.00	879.00	
8								

05 02에서 '수식 및 숫자 서식'을 선택했다면 복사한 E7 셀의 수식과 서식이 모두 G7 셀에 붙여넣기 됩니다.

	A	B	C	D	E	F	G	H
1		1월	2월	3월	4월	5월	6월	
2	영업1부	180.00	160.00	130.00	170.00	155.00	99.00	
3	영업2부	160.00	150.00	166.00	230.00	134.00	100.00	
4	영업3부	150.00	180.00	125.00	111.00	155.00	113.00	
5	영업4부	140.00	170.00	150.00	198.00	230.00	212.00	
6	영업5부	130.00	160.00	130.00	170.00	155.00	102.00	
7	합계	760.00	820.00	701.00	879.00	829.00	626.00	
8								

연속 데이터 자동 입력하기

날짜, 요일, 연속된 숫자 등 연속한 데이터를 입력할 때는 자동 채우기를 이용하는 것이 좋습니다. 일일이 데이터를 입력할 필요 없이 데이터를 한 번에 대량으로 입력할 수 있습니다. 또한 '5, 10, 15 ...'와 같이 특정한 수만큼 늘어나는 연속 데이터를 지정할 수도 있습니다.

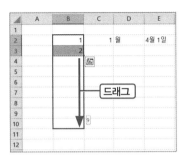

01 B2 셀과 B3 셀에 각각 1과 2를 입력합니다. B2:B3 셀을 선택한 상태에서 채우기 핸들을 클릭하고 데이터를 입력할 방향으로 드래그합니다.

> **MEMO**
> 채우기 핸들은 선택한 셀에 표시된 녹색 테두리 오른쪽 아래에 있는 사각형 부분을 말합니다. 여기에 마우스 포인터를 올리면 십자가 모양의 채우기 핸들이 표시됩니다. 이 상태로 가로나 세로 방향으로 드래그하면 연속 데이터가 입력됩니다.

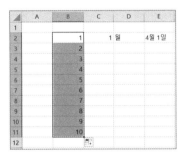

02 드래그한 만큼 연속된 데이터가 자동 입력됩니다.

03 이번에는 '연속 데이터 채우기' 기능을 이용해 보겠습니다. 첫 번째 데이터 5가 입력된 셀(D2 셀)을 선택하고 '홈' 메뉴에서 '편집' ➡ '계열(연속 데이터 채우기)'을 클릭합니다.

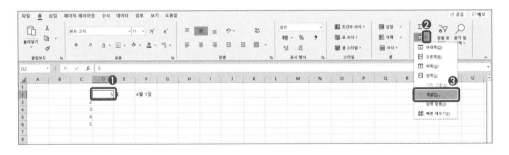

04 연속 데이터 화면에서 입력할 방향과 증가치(단계 값)를 지정하고 '확인' 버튼을 클릭합니다. 여기서는 연속된 셀마다 5씩 증가해서 50까지 입력하려고 합니다.

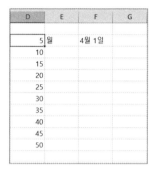

05 연속된 데이터가 자동으로 입력됩니다.

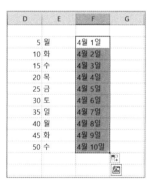

06 같은 방법으로 요일과 날짜도 연속으로 자동 입력할 수 있습니다.

> **MEMO**
> 여기에서 입력한 것처럼 단순한 연속 데이터는 '계열(연속 데이터 채우기)'을 사용하지 않고 입력할 수 있습니다. 예를 들어 5의 배수를 입력하려면 첫 번째 행에 5, 두 번째 행에 10을 입력하고 두 셀을 모두 선택한 상태에서 드래그하면 드래그한 셀만큼 5의 배수 데이터가 자동으로 입력됩니다. 날짜도 같은 방법으로 연속된 데이터 간격을 입력한 셀을 선택한 상태에서 드래그하면 지정된 간격으로 날짜를 입력할 수 있습니다.

28 엑셀 함수,
네 가지만 알면 된다

저는 원래 프로그래머입니다. 그래서 함수에는 그 누구보다 자신이 있으며 필요하다면 어떤 엑셀 함수라도 찾아보고 사용할 수 있습니다. 하지만 실제로 일반 업무를 할 때는 복잡한 함수를 쓸 일이 거의 없습니다. 보통 사용하는 함수는 SUM, IF, COUNTIF, SUMIF 함수 정도입니다. 업무 내용에 따라 다르겠지만 이 네 가지 함수만 알면 거의 모든 업무를 수행하는 데 어려움이 없을 것이라 생각합니다. 통계 데이터를 다룬다면 여기에 AVERAGE 함수 정도만 더 쓰면 됩니다.

SUM 함수

엑셀을 대표하는 함수인 SUM 함수는 지정한 셀 범위의 합계를 구하는 함수입니다. SUM 함수는 툴 바에서 전용 버튼으로 입력할 수도 있습니다.

수식은 '=SUM(셀 범위)' 형식으로 입력합니다. 예를 들어 '=SUM(B2:B6)'과 같이 입력하면 B2 셀에서 B6 셀까지의 합계를 표시합니다.

01 합계를 표시할 셀(여기서는 B7 셀)을 선택합니다. '홈'에서 '합계'를 클릭합니다.

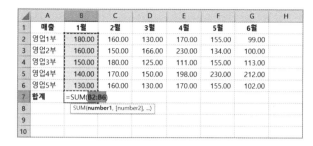

02 합계에 포함되는 셀 범위 (B2:B6 셀)가 점선으로 표시됩니다. 지정이 잘못된 경우에는 다시 드래그해서 범위를 지정합니다.

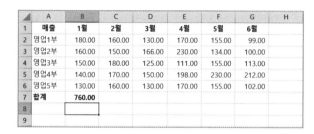

03 Enter를 누르면 B7 셀에 합계가 표시됩니다.

 NOTE

자동 채우기로 수식 복사하기

앞의 조작 순서에서 사용한 데이터처럼 연속된 셀에 각각 합계를 넣으려면 자동 채우기 기능을 써서 빠르게 처리할 수 있습니다. 자동 채우기 방법은 132쪽을 참조하세요. 다음 예시에서는 B7 셀에 입력한 수식을 선택하고 G7 셀까지 채우기 핸들을 드래그합니다.

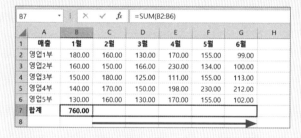

자동 채우기로 드래그한 결과 아래 셀에 수식이 붙여넣기 되어 C7:G7 셀에 각 합계값이 입력됩니다.

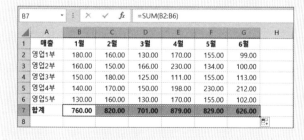

IF 함수

IF 함수는 어떤 조건을 만족하면 '참(TRUE)'에 지정한 내용을 표시하고, 조건을 만족하지 않으면 '거짓(FALSE)'에 지정한 내용을 표시합니다. 예를 들어 시험 합격 여부를 판정할 때 합격 기준점을 80점 초과로 정의하면 80점 초과인 사람은 합격(참), 80점 이하인 사람은 불합격(거짓)으로 만들 수 있습니다.

서식은 '=IF(조건식, 조건식이 참(TRUE)일 때의 내용, 조건식이 거짓(FALSE)일 때의 내용)' 입니다.

▌조건식

조건식	의미	예시
=	같다	A1 = 1 (A1 값이 1과 같음)
〈〉	같지 않다	A1 〈〉 1 (A1 값이 1이 아님)
〈	작다	A1 〈 1 (A1 값이 1보다 작음)
〉	크다	A1 〉 1 (A1 값이 1보다 큼)
〈=	작거나 같다	A1 〈= 1 (A1 값이 1과 같거나 1보다 작음)
〉=	크거나 같다	A1 〉= 1 (A1 값이 1과 같거나 1보다 큼)

아래 예시에서는 직원을 대상으로 사내 시험 결과를 정리했습니다. 합격 기준점은 80점이고, 80점 초과인 사람은 합격(참), 80점 이하인 사람은 불합격(거짓)이라고 E열에 표시하려고 합니다.

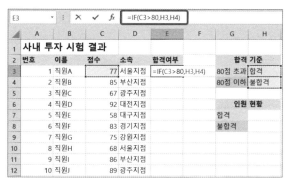

01 결과를 표시할 셀(E3 셀)을 선택하고 수식 바에 '=IF(C3>80,H3,H4)'를 입력합니다. 즉 C3 셀의 값이 80보다 클 경우 TRUE에 해당해 H3 셀의 '합격'이 표시되고, 그렇지 않은 경우 FALSE에 해당해 H4 셀의 '불합격'이 표시된다는 뜻입니다.

02 합격 여부가 표시됩니다. C3 셀의 값은 77이므로, 조건(C3>80)에서 FALSE에 해당하는 '불합격'이 표시됩니다.

03 자동 채우기 기능을 사용해 E3 셀의 수식을 아래 셀에 복사합니다. 그러나 현재는 정상적으로 동작하지 않습니다.

04 E3 셀의 수식에서 'H3,H4'의 한 지점을 선택합니다. H3 셀과 H4 셀이 각각 선택됩니다.

05 F4를 누르면 'H3,H4'로 변경됩니다. 이것은 셀의 위치를 상대 참조에서 절대 참조로 변환하는 작업입니다.

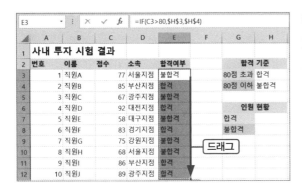

06 E3 셀 수식을 자동 채우기로 E12 셀까지 복사합니다. 이번에는 정상적으로 동작합니다.

절대 참조와 상대 참조를 올바르게 구분하기

함수 등 수식을 사용할 때는 절대 참조와 상대 참조를 항상 생각하면서 작업을 수행합니다. 일반적으로 수식이 입력된 셀을 복사하고 붙여 넣으면 복사한 대상 셀에 맞춰 참조 위치가 자동으로 변경됩니다. 이 참조 방법을 상대 참조라고 합니다.

한편 절대 참조로 참조 위치를 지정한 경우에는 수식이 입력된 셀을 다른 셀에 복사하고 붙여 넣더라도 참조 위치가 변경되지 않고 항상 동일한 셀을 참조합니다.

앞 예시에서는 수식에 항상 동일한 셀(즉, 'H3,H4')을 참조해서 합격 여부를 표시해야만 했습니다. 그래서 셀의 행 및 열 번호에 각각 '$'를 붙임으로써 상대 참조를 절대 참조로 바꾼 뒤 자동 채우기로 다른 셀에 복사하는 작업을 거쳤습니다.

COUNTIF 함수

COUNTIF 함수는 지정한 범위 내에서 조건에 맞는 셀의 개수를 구하는 함수입니다. 대상 범위를 정하고 개수를 셀 조건을 지정합니다. 예를 들어 시험 결과로부터 합격자 수와 불합격자 수를 각각 세어서 표시할 수 있습니다.

서식은 '=COUNTIF(범위, 검색 조건)'입니다.

01 합격자와 불합격자 수를 셉니다. 결과를 표시할 H7 셀을 클릭해서 선택합니다.

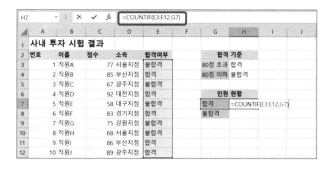

02 수식 창에 '=COUNTIF (E3:E12,G7)'을 입력합니다.

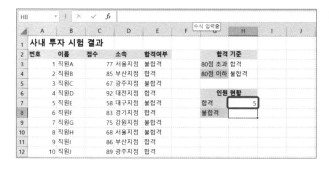

03 합격자 수가 표시됩니다.

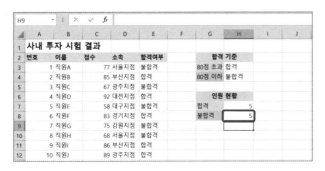

04 같은 방법으로 H8 셀에 불합격자 수를 셉니다. 수식 창에 '=COUNTIF(E3:E12,G8)'을 입력합니다.

SUMIF 함수

SUMIF 함수는 주어진 조건에 의해 지정된 셀들의 합을 계산합니다. 예를 들어 상품별 매출이나 월별 매출 합계를 계산하는 경우 등에 사용합니다.

서식은 '=SUMIF(대상 범위, 검색 조건, 합계 계산 범위)'입니다.

01 상품A 매출을 계산합니다. 매출을 표시할 셀(H4 셀)을 선택하고 대상 범위(B4:B13 셀)를 지정합니다.

02 다음으로 검색 조건을 지정합니다. 여기에서는 상품A의 매출을 계산할 것이므로 '상품A'라고 입력된 G4 셀을 지정합니다.

03 마지막으로 합계 계산 범위에서 계산할 상품의 범위인 E4:E13 셀을 지정합니다.

04 상품A의 매출이 표시됩니다.

05 같은 방법으로 상품B, 상품C의 매출을 각각 계산합니다.

29 반복 작업을 일괄적으로 처리하기

반복해서 수행하는 작업은 시스템화함으로써 작업 시간을 크게 단축할 수 있습니다. 하나 하나 손으로 작업하면 엄청난 시간이 소요되는 작업이라도, 시스템을 사용하면 순식간에 완료할 수 있습니다. 엑셀에는 이러한 대량 데이터를 일괄 처리하는 여러 기능을 제공합니다. 그중에서도 데이터 정리와 분석에 활용할 수 있는 기능을 몇 가지 소개합니다.

찾기 및 바꾸기

표에서 원하는 데이터를 찾는 경우 **찾기 기능**을 사용하고, 특정 데이터를 다른 데이터로 바꾸는 경우 **바꾸기 기능**을 사용합니다. 찾기 및 바꾸기 기능은 엑셀뿐만 아니라 워드나 파워포인트에서도 사용할 수 있습니다.

01 Ctrl + F 를 눌러 찾기 및 바꾸기 대화상자를 엽니다. '찾기' 탭이 표시됩니다.

02 '찾을 내용'에 찾으려는 문자열을 입력하고 '다음 찾기' 버튼을 클릭합니다. 입력한 내용이 있는 셀이 선택됩니다.

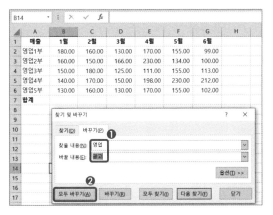

03 `Ctrl`+`H`를 눌러 찾기 및 바꾸기 대화상자의 '바꾸기' 탭을 엽니다. '찾을 내용'에 바꾸기 전 문자열을 입력하고, '바꿀 내용'에 바꾼 후 문자열을 입력하고 '모두 바꾸기' 버튼을 클릭합니다. 여기서는 '영업'을 모두 '광고'로 바꾸려고 합니다.

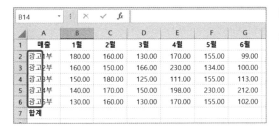

04 표에서 문자열이 입력한 문자열로 바뀝니다.

데이터 필터링 및 정렬하기

특정한 데이터만을 필터링해서 표시하려면 필터 기능을 사용합니다. 필터 기능으로 지정한 조건과 일치하는 항목만 표시할 수 있습니다. 또한 특정한 규칙에 따라 데이터를 정렬하려면 정렬 기능을 사용합니다. 오름차순(작은 숫자부터 정렬) 혹은 내림차순(큰 숫자부터 정렬) 기준에 따라 정렬할 수 있습니다. 또한 필터를 사용하면 데이터 그 자체의 순서는 변하지 않지만, 정렬을 사용하면 데이터 자체의 순서가 변합니다. 두 기능의 차이에 주의해서 사용합니다.

▌필터링하기

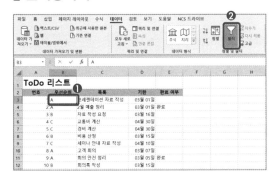

01 필터를 적용할 셀을 선택하고 '데이터' 탭에서 '필터'를 클릭합니다.

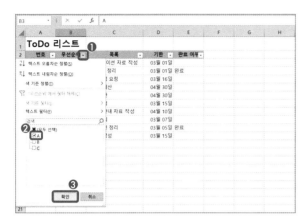

02 제목 행 각 셀의 오른쪽에 필터 버튼이 표시됩니다. 버튼을 클릭하고 표시할 데이터에 체크합니다. '확인' 버튼을 클릭합니다.

03 체크한 데이터만 표시됩니다.

▌정렬하기

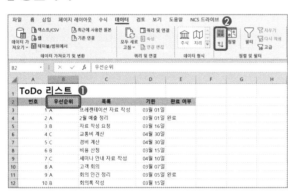

01 정렬할 항목을 클릭합니다. '데이터' 탭에서 '텍스트 오름차순 정렬' 혹은 '텍스트 내림차순 정렬'을 클릭합니다.

02 '텍스트 오름차순'으로 정렬한 경우 다음과 같이 표시됩니다.

셀 내부의 줄 바꿈 일괄 삭제하기

셀 안에서 문자열을 입력하다가 Alt + Enter 를 누르면 줄 바꿈을 입력할 수 있습니다. 셀 안의 줄 바꿈을 없애고 문자열을 한 줄로 되돌리려면 바꾸기 기능을 사용합니다. 모든 줄 바꿈을 한 번에 삭제할 수 있습니다.

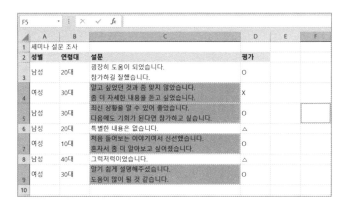

01 줄 바꿈을 삭제할 셀을 클릭해서 선택합니다.

> **MEMO**
> 여러 셀을 동시에 선택하려면 Ctrl 을 누르면서 클릭합니다.

02 Ctrl + H 를 눌러 찾기 및 바꾸기 대화상자를 엽니다. '찾을 내용'의 입력란을 클릭하고 Ctrl + J 를 누릅니다. 아직 아무것도 표시되지 않습니다. '바꿀 내용'에는 아무것도 입력하지 않습니다. '모두 바꾸기' 버튼을 클릭합니다.

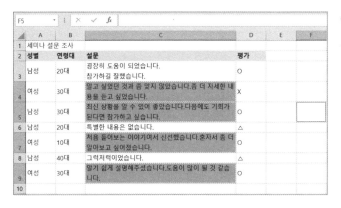

03 셀 안의 줄 바꿈이 모두 사라집니다.

빈 셀과 빈 행만 일괄 삭제하기

표에 빈 셀이나 빈 행은 '찾기 및 선택'을 이용해서 일괄적으로 제거할 수 있습니다. 표에서
빈 셀이나 행이 많으면 편리하게 삭제할 수 있습니다.

01 '홈' 탭에서 '찾기 및 선택'을 클릭하고 '이동 옵션'을 클릭합니다.

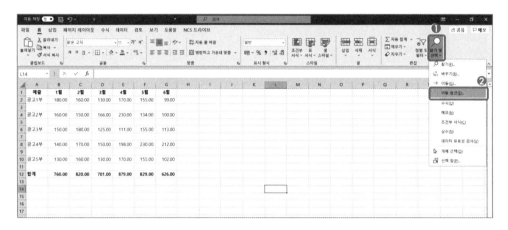

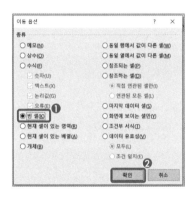

02 이동 옵션 대화상자에서 '빈 셀'을 선택하고 '확인'
버튼을 클릭합니다.

03 빈 셀이 모두 선택됩
니다.

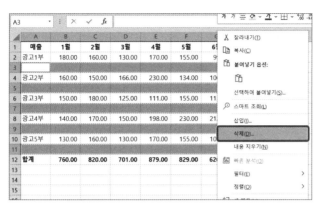

04 선택된 범위에서 마우스 오른쪽 버튼을 클릭한 뒤 '삭제'를 선택합니다.

05 삭제 대화상자에서 삭제할 부분을 선택한 뒤 '확인' 버튼을 클릭합니다.

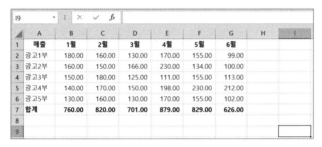

06 빈 셀이 있던 행이 모두 삭제됩니다.

30 가장 보기 쉬운 그래프를 만드는 방법

그래프의 주요 목적은 **표 데이터를 시각화**하는 것입니다. 숫자 데이터를 그래프로 바꾸면 숫자로는 알아보기 어려운 정보를 쉽게 얻어낼 수 있습니다. 그래프는 점 그래프, 선 그래프, 막대 그래프, 원 그래프 등 여러 종류가 있습니다. 어떤 그래프가 좋은지는 데이터에서 어느 부분을 보기 쉽게 할지, 또는 데이터에서 어떤 의미를 추출할지에 따라 다릅니다. 그래서 '이 그래프를 사용하면 좋다'라고 딱 잘라 말하기는 어렵습니다.

한편 답이 정해진 경우도 있습니다. 예를 들어 매출 데이터는 연도별로 매출, 손실, 이익 세 종류의 데이터를 색이 다른 막대 그래프로 나타내면 쉽게 이해할 수 있습니다. 매출 데이터를 장기간에 걸쳐 분석하려면 막대 그래프가 아닌 꺾은 선 그래프를 사용해야 경향을 더 쉽게 확인할 수 있습니다. 또한 시장 점유나 고객 특성을 시각화하려면 원 그래프가 적절합니다.

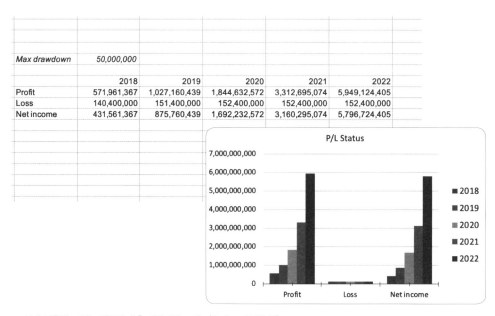

Max drawdown	50,000,000				
	2018	2019	2020	2021	2022
Profit	571,961,367	1,027,160,439	1,844,632,572	3,312,695,074	5,949,124,405
Loss	140,400,000	151,400,000	152,400,000	152,400,000	152,400,000
Net income	431,561,367	875,760,439	1,692,232,572	3,160,295,074	5,796,724,405

▶ 실제 이용하고 있는 연도별 매출 데이터와 그래프(숫자는 가공한 것).

마이크로소프트 오피스 공식 차트 가이드 참고하기

일반 업무에서는 선 그래프, 막대 그래프, 원 그래프 세 가지만 써도 대부분의 데이터를 다룰 수 있을 것입니다. 하지만 때로는 어떤 그래프를 사용해야 할지 고민이 되기도 합니다. 마이크로소프트 오피스 공식 웹사이트에서 제공하는 'Office의 사용 가능한 차트 종류 (http://bit.ly/officechart)'를 참조하면 엑셀, 파워포인트, 워드에서 제공되는 차트의 종류와 특징을 살펴볼 수 있습니다.

> **MEMO**
> 원서에서는 저자는 데이터 시각화 가이드인 'Qiita Hello hackers!' 웹페이지(https://qiita.com/m_mizutani/items/ 26971c29fa990617a935)를 소개하고 있습니다. 계열(축), 데이터 항목(시계열), 라벨의 개수에 따른 최적의 그래프를 제시합니다. 일본어로 되어 있으나 웹브라우저의 번역 기능을 이용하면 대략적인 내용을 확인할 수 있습니다.

간단히 데이터 특성 표시하기

엑셀에서 작성한 데이터는 누군가에게 보여주기 위한 것뿐만 아니라 데이터 분석을 위해 사용할 수도 있습니다. 단순히 숫자만 나열해서는 해당 데이터의 특성을 알아보기 어렵습니다. 이런 경우 숫자의 크고 작음에 따라 셀 색을 다르게 지정하면 이제까지 보이지 않았던 데이터 특성이 한눈에 보이게 됩니다.

다음은 다섯 가지 세대별 특징의 비율을 표시한 표입니다. 이 상태에서는 세대별로 어떤 특징이 두드러지는지 알기 어렵습니다. 여기에서 숫자가 클수록 셀 색을 더 진하게 표시해 보겠습니다.

H12				f_x				
	A	B	C	D	E	F	G	H
1		10대	20대	30대	40대	50대	합계	
2	특징 1	21%	23%	10%	31%	15%	100%	
3	특징 2	11%	26%	11%	44%	8%	100%	
4	특징 3	30%	23%	13%	12%	22%	100%	
5	특징 4	35%	15%	32%	5%	13%	100%	
6	특징 5	18%	22%	16%	12%	32%	100%	
7								
8								

01 색을 구분할 셀을 선택하고 '홈' 탭의 '조건부 서식' ➡ '색조' 순서로 선택합니다. 임의의 색조를 선택합니다.

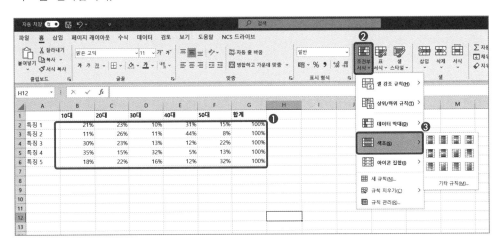

02 여기에서는 수치의 크기를 색 농도에 따라 표시했습니다.

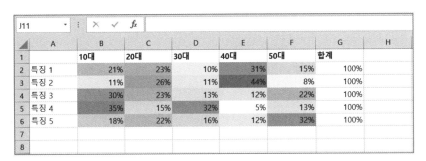

> **MEMO**
> 또한 '조건부 서식' ➡ '데이터 막대'로 셀 안에 막대 그래프를 표시할 수도 있습니다.

지금 바로 써먹는
효율적인 이메일 사용법

31 이메일을 작성할 때도 원칙이 필요하다

직장인이라면 하루가 이메일로 시작해 이메일로 끝나기도 합니다. 그런데 이메일을 작성하는 과정에도 낭비 요소가 많습니다. 그중에서도 같은 작업을 반복하는 과정을 자동화하면 업무 효율을 높일 수 있습니다.

스스로 정한 원칙에 따라 이메일을 작성하자

저는 빈번한 이메일 작업에 스스로 '원칙'을 정하고 실천해서 이메일을 처리하는 데 소요되는 시간을 크게 줄였습니다. 앞으로 소개할 이런 원칙들을 그대로 따를 필요는 없습니다. '이건 쓸 만한데?', '이건 괜찮은데?'라는 느낌이 드는 것만 사용하면 됩니다. 어느 것이라도 분명 업무 효율을 높이는 데 도움이 될 것입니다.

▎이메일 문장의 구성을 미리 정해 둔다

이메일 내용은 될 수 있는 한 간단한 구성으로 정리해 둡니다. 원칙적으로 다음 네 가지 구성으로 충분합니다.

1. 수신자 이름
2. 용건
3. '잘 부탁드립니다' 혹은 '고맙습니다'와 같은 맺음말
4. 발신자 이름

이메일은 간략하게 써야 합니다. 이메일을 받은 상대 역시 매일 수많은 이메일을 주고받고 있을 텐데 긴 내용을 읽지 않고도 용건을 명확히 알 수 있도록 해야 서로에게 이익이 될 것입니다.

편지에서 쓸 때처럼 안부인사 등은 필요하지 않습니다. 또한 '언제나 신세지고 있습니다'와 같은 문구는 가장 첫 번째 이메일에만 쓰면 됩니다. 이메일을 쓸 때마다 이런 문구를 넣을 필요는 없으며, 이메일을 받는 상대방 역시 이런 문구에는 관심을 두지 않을 것입니다.

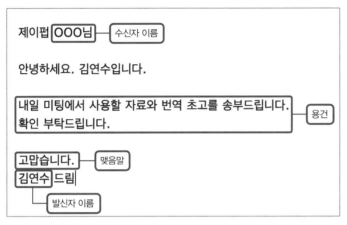

▶ 이메일 내용은 원칙에 따라 간략히 정리합니다.

▌상대방의 원칙에 따른다

상대방의 이메일 원칙을 파악하고 맞추는 것도 중요합니다. 저는 전달하려는 용건 이외의 항목은 가능한 한 상대방에게 맞춥니다. 예를 들어 상대방이 '****(주식회사) ○○○ 님'과 같이 수신자 앞에 회사 이름을 붙이면, 저도 그에 맞춰 '****(주식회사) ○○○ 님'과 같이 상대방의 회사 이름을 붙입니다. 마찬가지로 이메일 첫머리에 안부를 묻는 문구가 있다면, 동일하게 안부를 묻는 문구를 사용합니다. 앞서 안부인사 같은 문구를 쓰지 않는 것이 좋다고 설명했지만, 이럴 때는 무엇보다 **상대방에게 맞추는 것을 우선합니다.** 이메일은 상대방의 얼굴이나 표정을 직접 보면서 내용을 전달할 수 없기 때문에 더욱 공손함을 표현하는 것이 중요합니다.

1. 상대방의 원칙에 맞추거나 더 공손한 말씨로 답장을 보냅니다.
2. 상대방의 직책이나 나이에 관계없이 공손히 대합니다.

이 두 가지만 유념해도 이메일을 통한 거래나 의사소통은 전보다 원만하게 이루어집니다. 당연하다고 생각할 수도 있겠지만 의외로 이런 단순한 일을 실행하지 않는 사람들이 많습니다. 이메일을 쓰고 난 뒤에는 발신하기 전에 꼭 다시 확인해 보세요.

▌긴급한 이메일은 즉시 답장한다

하루에도 수십 통씩 이메일을 받는 직장인이라면 언제 이메일을 확인하고 답장하는 것이 좋을까요? 이메일을 확인하는 시점은 사람마다 의견이 다양합니다. '하루 두 번 확인하는 것으로 충분하다'라는 의견이 있는가 하면 '1~2시간 간격으로 확인한다', '이메일이 오면 반드시 3분 이내에 대응해야 한다' 같은 의견도 있습니다.

저는 이메일이 오면 바로 열어 보고 중요도를 판단한 뒤 '긴급한 이메일에는 즉시 답장하고, 그 밖의 이메일에는 나중에 답장한다'는 원칙을 세웠습니다. 긴급한 안건이라면 당연히 방치해서는 안 됩니다. 하지만 그렇다고 중요도가 낮은 일까지 즉시 대응한다면 그만큼 업무 효율이 떨어집니다. 그래서 저는 이메일의 중요도를 판단하고 그 중요도에 따라 답장 시점을 구분하고 있습니다.

또한 나중으로 미루어 둔 답장을 잊고 넘어가지 않도록 답장 대기 중인 이메일에는 플래그(flag)나 마크(mark) 같은 표시를 붙여 둡니다. 이메일에 표시를 해 두는 방법은 158쪽에서 설명합니다.

수신자 그룹 TO, CC, BCC 구분하기

이메일 수신자 그룹은 받는 사람(TO), 참조(CC), 숨은 참조(BCC) 세 가지로 구분됩니다. 이메일 내용이나 수신 대상에 따라 세 그룹을 구분해서 사용해야 합니다. 사실 저는 일하기 전까지 이메일에 CC와 BCC란 게 있는지조차 몰랐습니다. 이메일을 보낼 수신자는 친구나 지인이 대부분이고, 여러 사람에게 이메일을 동시에 보낼 일이 없었기 때문입니다. 하지만 회사 업무를 하기 시작하자 상황이 완전히 달라졌습니다. 올바른 구분을 위해 TO, CC, BCC의 차이를 확인해 둡니다.

수신자 그룹	설명
받는 사람(TO)	일반적인 수신자 그룹입니다. 특정 상대방에게 이메일을 보낼 때 사용합니다.
참조(CC)	상사나 같은 팀 내에서 간접적인 보고 등을 하는 경우 사용합니다. CC에 지정된 수신자는 TO, CC에 포함된 수신자가 확인할 수 있습니다.
숨은 참조(BCC)	이벤트 초대나 신제품 알림 등 단체를 대상으로 하는 대량 이메일을 발송할 때 사용합니다. BCC에 지정된 수신자는 비공개이므로 같은 이메일을 받은 사람은 누가 해당 이메일을 받았는지 확인할 수 없습니다.

CC나 BCC 수신자 그룹 설정에 관해서는 다음에서 설명합니다. 여기에서는 마이크로소프트 아웃룩(Outlook)의 설정 방법을 소개하지만, 다른 이메일 서비스에서도 수신자 설정 방법은 비슷합니다.

01 이메일 작성 화면에서 '참조'를 클릭합니다.

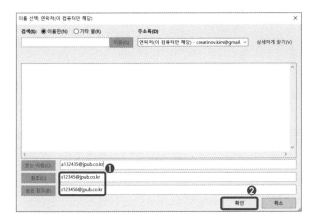

02 이름 선택 화면이 표시됩니다. 필요에 따라 '참조', '숨은 참조'에 이메일 주소를 입력합니다. '확인' 버튼을 클릭합니다.

03 '참조'에 이메일 주소가 추가됩니다.

 NOTE

이메일로 업무를 진행하는 중 수신자를 CC에 추가할 때 주의할 점

이메일을 작성하는 중 누군가를 CC에 추가할 때 지금까지 진행된 업무 내용을 어느 수준까지 공개할 것인지를 고려해야 합니다. 모든 내용을 공개해도 문제가 없다면 대상자를 그대로 CC에 추가하면 됩니다. 그러나 알리고 싶지 않은 내용이나 알리지 않아야 할 내용이 있는 경우에는 이메일에서 해당 부분을 사전에 삭제하도록 합니다.

32 항상 쓰는 내용은 서명에 등록하자

이메일 서명에는 일반적으로 **회사 이름, 발신자 이름, 주소, 전화번호** 등을 넣습니다. 이와 더불어 이메일에서 **자주 사용하는 문구**도 서명에 등록하기를 권합니다. 예를 들어 이메일 첫머리에 쓰는 '안녕하세요. **** 회사의 ○○○입니다.' 혹은 이메일 끝에 쓰는 '잘 부탁드립니다.'와 같은 문구는 거의 모든 이메일에 적을 것입니다. 이처럼 같은 문구를 이메일을 쓸 때마다 입력하는 것도 시간 낭비입니다.

이처럼 이메일에서 정해진 문구는 서명과 함께 등록해 둡니다. 서명에 등록해 두면 새 이메일을 작성하거나 답장 이메일을 작성할 때 해당 문구가 자동으로 입력되므로 업무 효율을 높일 수 있습니다.

▌서명 등록하고 입력하기

서명 등록은 회사 이름이나 주소를 등록하는 방법과 같습니다. 등록할 서명에 이름을 넣고 안부 인사 같은 정해진 문구를 입력하고 등록합니다. 등록할 서명에 이름을 붙인 뒤 서명을 저장합니다. 아웃룩에서는 여러 개의 서명을 등록할 수 있습니다. 이 기능을 활용해 '사내 이메일'과 '사외 이메일', 또는 '업무 이메일'과 '홍보 이메일' 같이 그 목적에 따라 서명을 등록하고 활용할 수 있습니다. 서명을 등록하는 순서는 다음과 같습니다.

01 '홈' 탭에서 '새 이메일'을 클릭하고 '메시지' ➡ '서명' ➡ '서명' 순서로 클릭합니다.

02 서명 및 편지지 대화상자에서 '새로 만들기' 버튼을 클릭합니다. 새 서명 대화상자가 화면에 표시되면 서명 이름을 입력하고 '확인' 버튼을 클릭합니다.

03 '서명 편집' 란에 등록하고 싶은 문구를 입력합니다. '확인' 버튼을 클릭합니다.

04 실제 서명을 사용할 때는 이메일 쓰기 화면에서 '서명'을 클릭한 뒤 사용할 서명을 선택합니다. 등록한 서명이 이메일에 입력됩니다.

33 대량 이메일은 플래그로 구분하고 단축키로 빠르게 처리하자

클릭 대신 단축키로 빠르게 이메일을 처리하기

저는 하루가 멀다 하고 받는 대량 이메일을 효율적으로 처리하기 위해 단축키를 사용합니다. 주요한 단축키만 사용해도 이메일 작업 시간을 1/10 정도로 바로 줄일 수 있습니다. 10분 걸리는 일들을 1분 만에 처리할 수 있다는 얘기입니다.

여기서는 제 경험에 비추어 가장 중요하다고 생각한 아웃룩 단축키를 소개합니다. 이메일을 빠르게 처리하는 데 도움이 되는 아웃룩 단축키는 총 12개입니다. 여러분이 자주 수행하는 업무 우선 순위에 따라 활용해 보세요.

█ 아웃룩 주요 단축키

조작	단축키
새 이메일 작성하기	Ctrl + N
이메일 보내기	Alt + B / Ctrl + Enter
이메일 답장하기	Ctrl + R
이메일 전달하기	Ctrl + Shift + R
입력 필드 이동하기	Tab
새 이메일 수신하기	Ctrl + M
이전 메시지로 가기	↑
다음 메시지로 가기	↓
1페이지만큼 스크롤하기	Space
검색 창으로 문자 커서 이동하기	Ctrl + E
이메일 삭제하기	Delete

이전 장에서도 언급했지만 마우스를 사용하면 작업 효율이 낮아질 수밖에 없습니다. 마우스는 키보드 조작에 비해 손이 더 많이 움직이기 때문에 당연히 시간이 더 걸립니다. 다른 이메일 서비스를 사용할 때도 마찬가지입니다. 이제까지 마우스로 수행하던 조작을 키보드로 대신하면 더욱 효율적으로 이메일을 처리할 수 있습니다.

플래그로 이메일 관리 효율 높이기

이메일 처리 속도를 높이는 것도 중요하지만, 이메일 답장을 빠뜨리지 않는 것 역시 대단히 중요합니다. 업무 중 이메일 답장 누락은 절대로 해서는 안 되는 실수입니다. 저는 이메일 중요도에 따라 답장할 시점을 구분합니다(154쪽 참조). 가장 중요한 이메일은 즉시 답장하기 때문에 답장을 빠뜨릴 일이 없지만, 나중에 모아서 답장하는 이메일은 적절히 관리해 두지 않으면 깜빡 잊고 답장하지 않을 위험이 있습니다.

이러한 사고를 막기 위해 저는 플래그 기능을 활용합니다. 받은 이메일 내용을 확인하고 즉시 답장하지 않아도 될 이메일에는 바로 플래그를 붙입니다. 플래그를 붙여 두면 어떤 이메일을 처리하지 않았는지 한눈에 알 수 있습니다.

> 👤 **NOTE**
>
> **그 밖의 이메일 답장 원칙**
>
> 저는 처리하지 않은 이메일이 너무 많이 늘어나지 않도록 그 한도를 15개로 제한하고 있습니다. 답장하지 않은 이메일이 15개를 넘으면 집중해서 모아둔 이메일에 답장을 합니다. 이것 또한 저의 이메일 처리 원칙입니다.
> 또한 처리하지 않은 이메일 중에는 상대방의 행동을 기다렸다가 그에 따라 답장하는 이메일도 있습니다. 이메일을 보낸 지 꽤 시간이 지났는데도 상대방의 반응이 없다면 다시 리마인드 이메일을 보내 업무 지연을 방지합니다.

플래그 붙이기

이메일에서 마우스 오른쪽 버튼을 클릭하고 '추가 작업' ➡ '메시지에 플래그 지정'을 선택합니다. 혹은 Insert 를 누릅니다.

플래그 유무로 분할해서 표시하기

'기준: 플래그'를 클릭하면 플래그를 붙인 이메일과 붙지 않은 이메일을 나누어 표시합니다.

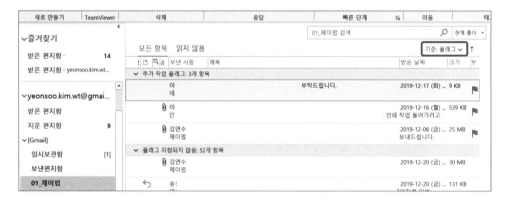

34 아웃룩에서 과거 이메일 빠르게 찾기

일상 업무에서도 많은 양의 이메일을 처리하는 사람이라면 원하는 이메일을 찾아내는 스킬이 매우 중요합니다. 최근에는 회의록 작성이나 업무 협의 등을 이메일로 진행하기도 합니다. 시간이 흐른 뒤 업무가 얼마나 진척되었는지 알고 싶을 때 신속하게 관련 정보를 찾아낼 수 있다면 업무 수행이 더욱 원활해질 것입니다.

수많은 이메일 중에서 특정한 이메일을 찾아낼 때는 이메일 검색 기능을 활용합니다. 아웃룩은 이메일 제목, 수신인, 발신인, 본문, 첨부 파일 등을 대상으로 키워드 검색을 수행합니다. 인터넷 검색과 마찬가지로 AND, NOT, OR과 같은 논리 연산자를 사용해 키워드 검색(56쪽 참조)도 할 수 있습니다. 여기서는 수많은 이메일 중에서 원하는 이메일을 찾는 효과적인 5가지 테크닉을 소개합니다.

- 키워드로 검색하기
- 읽지 않은 이메일만 필터링하기
- 필터 기능을 사용해 필터링하기
- 검색 대상 범위 제한하기
- 이메일 폴더 관리하기

▌키워드로 검색하기

01 검색할 폴더를 선택합니다. [Ctrl]+[E]를 누르고 검색 창에 문자 커서를 이동합니다.

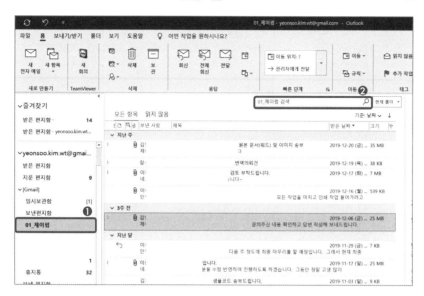

02 검색 키워드를 입력합니다. 키워드와 일치하는 이메일이 표시됩니다.

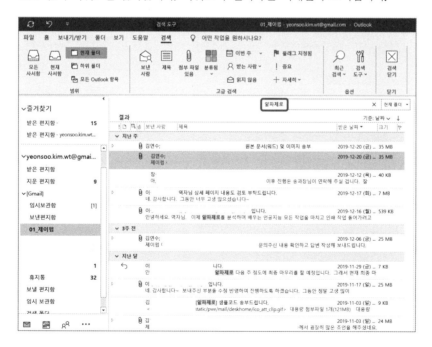

읽지 않은 이메일만 필터링하기

'읽지 않음'을 클릭하면 읽지 않은 이메일만 표시됩니다

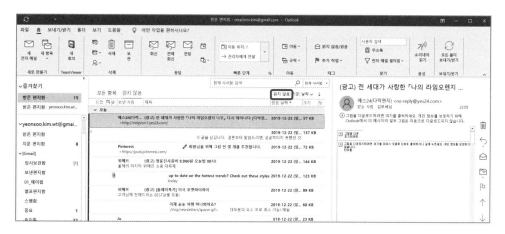

필터 기능을 사용해 필터링하기

'홈' 탭에서 '전자 이메일 필터링'을 클릭하고 필터링 항목을 선택합니다.

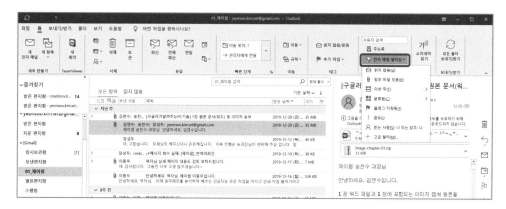

▌검색 대상 범위 제한하기

아웃룩에서는 이메일 검색 대상 범위를 세밀하게 지정할 수 있습니다. 이메일 제목만을 대상으로 검색을 하거나 첨부파일 유무를 기준으로 필터링할 수도 있습니다. 검색 대상 범위 설정 순서는 다음과 같습니다.

01 검색 창을 클릭합니다. '검색' 탭 ➡ '자세히' 순서로 클릭한 후 검색 대상 항목을 지정합니다. 여기서는 '제목'을 선택했습니다.

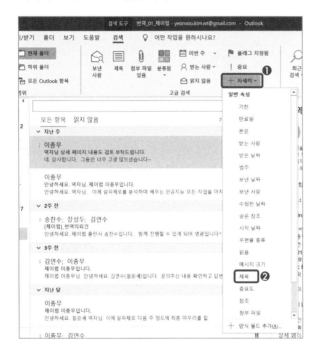

02 검색 창에 지정한 항목이 추가됩니다.

이메일 폴더 관리하기

받은 이메일을 모두 받은 편지함에 저장해 두지 않고 폴더를 만들어 분류해 두면 이메일을 찾기가 한결 수월합니다. 고객사 또는 안건별로 이메일을 분류해서 관리하는 것이 좋습니다.

01 '받은 편지함'에서 마우스 오른쪽 버튼을 클릭한 뒤 '새 폴더'를 선택합니다.

02 만든 폴더로 메시지를 드래그&드롭해서 이동합니다.

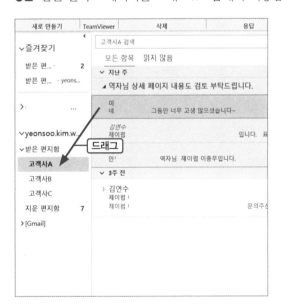

> **MEMO**
> 저는 10년 전에 이메일을 처음 사용한 이후로 단 하나의 이메일도 삭제하지 않았습니다(스팸 이메일이나 광고 이메일은 예외). 이메일을 남겨 두면 동시에 연락처도 남겨 둘 수 있습니다. 누군가의 연락처를 알고 싶은 경우 언제라도 검색할 수 있도록 이메일을 지우지 않고 남겨 두는 것도 좋습니다.

35 대용량 파일은 클라우드로 공유하기

이메일로 문서 파일이나 이미지 파일을 보낼 때 어떤 방법을 사용하나요? 용량이 작은 파일은 이메일에 바로 첨부해서 보내도 괜찮습니다. 하지만 5개 이상의 파일이나 10MB 이상이 되는 파일은 가급적 이메일에 직접 첨부하지 않는 것이 좋습니다. 많은 파일을 첨부하면 파일을 관리하기 어려워지며, 용량이 큰 파일을 첨부하면 송수신에 시간이 걸립니다. 이메일 서버 설정에 따라서는 용량이 큰 첨부 파일의 수신이 제한될 수도 있습니다.

저는 대용량 파일을 보낼 때 클라우드 저장소에 파일을 업로드한 뒤 저장소 링크(URL)를 상대에게 보냅니다. 즉 클라우드에 업로드한 파일을 공유하는 것입니다. 이 경우 특정한 저장소 서버에 파일을 업로드해야 하기 때문에 이메일에 직접 첨부하는 것보다는 시간이 더 소요되지만, 그보다 장점이 더 많습니다. 우선 이메일 송수신 시간이 줄어듭니다. 첨부 파일을 보내고 받느라 이메일 서버 응답이 느려지지 않습니다. 또한 이메일을 받은 뒤 파일을 관리하기도 편리합니다. 파일은 클라우드 저장소에 있기 때문에 이메일을 검색할 필요가 없습니다. 게다가 여러 사람과 공유하기 쉽습니다. 한번 파일을 업로드한 뒤에는 클라우드 저장소 링크를 전달하는 것만으로 파일을 보낼 수 있습니다.

█ 파일 업로드하고 공유하기

요즘에는 여러 가지 파일 공유 서비스를 사용할 수 있습니다. 유료 서비스는 물론 무료 서비스도 있습니다. 유명한 서비스로는 제가 사용하는 구글 드라이브(Google Drive), 드롭박스(Dropbox) 등이 있습니다. 이 밖에도 많은 서비스가 있지만 가능한 한 신뢰도가 높은 서비스를 선택하는 것이 좋습니다. 또한 업무 데이터를 취급하는 경우에는 사내에서 이런 외부 서비스를 이용해도 좋은지 반드시 미리 확인하세요.

여기서는 구글 드라이브에 파일을 업로드한 뒤 공유하는 방법을 소개합니다. 다른 서비스도 작업 방법은 거의 비슷하므로 참고하세요.

01 구글 드라이브의 '내 드라이브'에 접속합니다. 업로드할 폴더를 열고 마우스 오른쪽 버튼을 클릭한 뒤 '파일 업로드'를 선택합니다.

02 업로드할 파일을 선택한 뒤 '열기' 버튼을 클릭합니다.

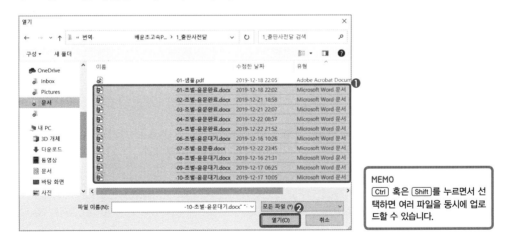

MEMO
Ctrl 혹은 Shift를 누르면서 선택하면 여러 파일을 동시에 업로드할 수 있습니다.

03 업로드가 완료되면 상대방에게 공유할 파일이나 폴더를 선택하고 '공유 가능한 링크 가져오기'를 선택합니다.

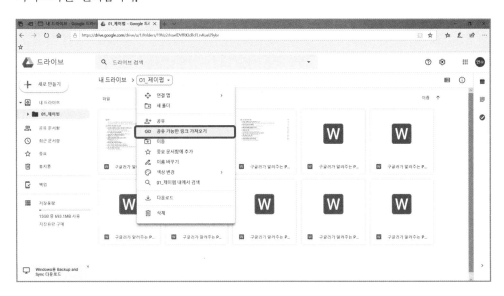

04 다른 사용자와 공유 화면이 표시됩니다. '링크 복사'를 클릭한 뒤 '완료' 버튼을 클릭합니다.

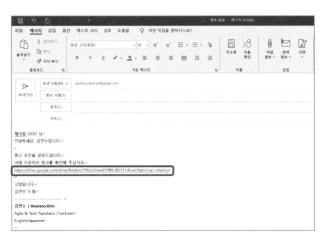

05 이메일 내용에 복사한 링크를 붙여 넣은 뒤 파일을 공유할 상대방에게 이메일을 보냅니다. 수신자가 링크를 클릭하면 대상 파일이나 폴더를 다운로드할 수 있습니다.

36 회의와 이메일을 적절히 구분해 사용하기

요즘에는 이메일을 비롯해 메신저 앱, 페이스북, 라인, 카카오톡 등 다양한 소통 수단이 있습니다. 그래서 직접 대면해서 회의를 하지 않더라도 업무를 진행할 수 있는 환경이 마련되어 있지요. 그러나 저는 모든 소통을 온라인으로 완전히 소화할 수 있다고 생각하진 않습니다. 편리한 도구를 활용하되 필요에 따라 회의를 하는 것도 중요하다고 생각합니다. 도구를 용도와 목적에 맞게 사용해야 업무 효율을 높이고 시간을 단축할 수 있습니다.

저는 의논이 필요한 경우에는 회의를 잡아서 확실하게 의사소통합니다. 회의에서 방향성을 정했다면 이후 세세한 확인이나 조정은 이메일과 메신저를 사용합니다. 이메일 혹은 메신저 사용 여부는 상대방과의 관계에 따라 결정합니다. 같은 팀 구성원이나 동료인 경우에는 메신저를 사용하고 고객인 경우에는 기본적으로 이메일을 사용합니다.

▌회의의 장점과 단점

회의에서는 얼굴을 직접 보고 이야기하며 손짓이나 몸짓을 곁들여 설명하거나 표정과 목소리를 활용해 의사소통할 수 있기 때문에 더욱 원활하게 의논할 수 있습니다.

한편 간단한 질문이나 업무 내용을 확인할 때는 회의가 적합하지 않습니다. 일의 목적이나 결론의 방향이 정해지면 더이상 의논해서 발전할 사항이 적으므로, 이런 단계에서 회의는 피하는 편이 좋습니다.

▌이메일의 장점과 단점

이메일 역시 장점이 많습니다. 특히 이메일을 보내면 관련 업무를 논의한 증거가 남는다는 장점을 들 수 있습니다. 이메일을 남겨 두면 어떤 사안에 대해 말했는지 말하지 않았는지 혹은 관련 내용을 공유받았는지 공유받지 않았는지와 같은 책임 소재를 분명히 할 수 있습니다. 또한 앞서 논의한 내용을 확인하는 데도 도움이 됩니다. 한편 이메일은 논의나 복잡한 합의를 하기에는 적합하지 않습니다.

따라서 직접 만난 회의에서 결론을 낸 뒤 세세한 확인 과정에서는 이메일을 사용하는 것도 좋습니다. 만일 이메일로 의논하는 도중 이야기가 복잡해진다고 느껴지면 이메일 교환을 멈추고 즉시 회의를 여는 편이 좋습니다.

이메일로 질문할 때는 먼저 자신의 생각을 정리한 뒤 '네/아니오'의 단답형 질문 또는 'A/B/C'와 같은 선택형 질문을 하면 더욱 원활하게 의사소통을 이어갈 수 있습니다. 이때는 논의의 여지를 확산시키는 질문은 삼가는 것이 중요합니다.

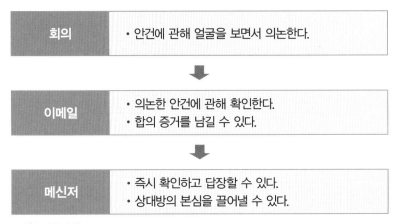

회의	• 안건에 관해 얼굴을 보면서 의논한다.
이메일	• 의논한 안건에 관해 확인한다. • 합의 증거를 남길 수 있다.
메신저	• 즉시 확인하고 답장할 수 있다. • 상대방의 본심을 끌어낼 수 있다.

▶ 업무 소통 흐름

컴퓨터를 최상의 상태로
유지하는 방법

CHAPTER 8

37 컴퓨터의 현재 상태부터 확인하자

작업 효율을 높이기 위해 필요한 스킬을 익혀 활용하더라도 컴퓨터 성능 자체가 너무 낮거나, 운영체제(OS) 버전이 너무 낮으면 원하는 효과를 얻기 어렵습니다. 먼저 컴퓨터 상태를 알기 위해 아래 항목들을 확인해 봅니다.

- 컴퓨터의 운영체제는 최신 버전인가?
- 메모리 용량은 충분한가?
- 웹브라우저는 최신 버전인가?
- 불필요한 프로그램(앱)이 켜져 있지는 않은가?

또한 회사 사정상 컴퓨터 운영체제, 메모리 용량 등을 자유롭게 변경할 수 없다면 이 부분의 설명은 건너뛰고 174쪽 웹브라우저 버전을 확인하는 부분부터 읽으세요.

운영체제 버전과 메모리 용량 확인하기

전체 컴퓨터 시스템의 성능 혹은 용량이 다른 구성 요소 때문에 제한받는 현상을 병목 현상이라고 합니다. 하드웨어 관점에서 볼 때 병목 현상은 시간이 흐르면서 함께 변화했습니다. 과거에는 CPU와 디스크 용량이 병목 현상을 일으키는 주된 요소였지만 현재는 운영체제와 메모리 용량이 가장 큰 요소라고 생각합니다. 운영체제 버전과 메모리 용량은 다음 순서를 따라 확인할 수 있습니다.

01 '시작' 버튼을 클릭한 뒤 '설정' 버튼을 클릭합니다. Windows 설정 화면이 표시됩니다. '시스템'을 클릭합니다.

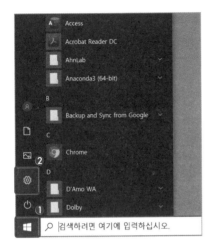
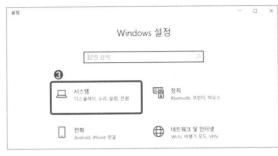

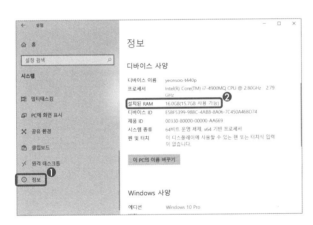

02 '정보'를 클릭합니다. 컴퓨터에 장착된 메모리 용량을 '디바이스 사양'의 '설치된 RAM'에서 확인할 수 있습니다.

> **MEMO**
> Windows 10의 최소 필요 메모리는 1GB이지만 32비트 버전에서는 4GB, 64비트 버전에서는 8GB 정도의 메모리를 권장합니다.

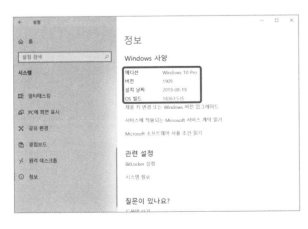

03 아래 방향으로 화면을 스크롤하면 운영체제 버전은 'Windows 사양'의 '버전'에 표시됩니다.

웹브라우저 버전 확인하기

사용 중인 웹브라우저가 최신 버전인지 확인하고 최신 버전이 아니라면 필요에 따라 최신 버전으로 업데이트합니다. 웹브라우저 버전을 최신으로 유지하면 보안 측면에서도 도움이 됩니다. 마이크로소프트 엣지와 인터넷 익스플로러 11의 최신 버전 업데이트는 Windows 10 변경과 동시에 이루어지므로 수동으로 업데이트할 필요가 없습니다. 이 책에서는 버전을 확인하는 방법만 소개합니다.

▌엣지에서 버전 확인하기

01 메뉴 버튼을 클릭하고 '설정'을 선택합니다.

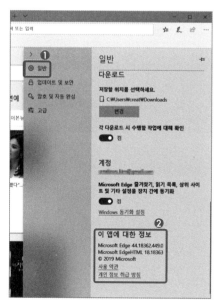

02 '일반'을 클릭합니다. '이 앱에 대한 정보'에서 버전을 확인할 수 있습니다.

▌인터넷 익스플로러 11에서 버전 확인하기

01 '도구' 버튼을 클릭하고 'Internet Explorer 정보'를 선택합니다. 또는 '도움말' ➡
'Internet Explorer 정보' 순서로 선택합니다.

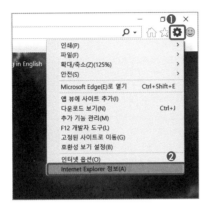 

02 표시된 화면에서 버전을 확인할 수 있습니다.

▌크롬에서 버전 확인하기

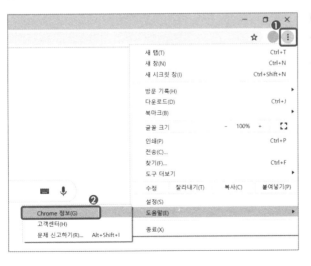

01 메뉴 버튼을 클릭하고 '도움
말' ➡ 'Chrome 정보' 순서로 선
택합니다.

02 Chrome 정보 화면에서 버전을 확인할 수 있습니다. 또한 최신 버전이 발견되면 자동으로 업데이트됩니다.

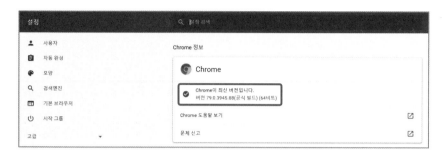

03 업데이트가 완료되면 '다시 시작' 버튼이 표시됩니다. 버튼을 클릭하면 최신 버전 웹브라우저가 실행됩니다.

> **MEMO**
> 제조사의 지원이 종료된 운영체제나 프로그램(웹브라우저 포함)은 절대로 사용하지 않는 것이 좋습니다. 작업 효율을 저해할 뿐만 아니라 보안 측면에서도 큰 문제가 됩니다.

불필요한 프로그램 실행 여부 확인하기

컴퓨터가 작동할 때 사용하지 않거나 불필요한 프로그램이 실행되어 있으면 메모리가 낭비됩니다. 또한 자신이 실행한 적도 없는 프로그램이나 소프트웨어가 자동으로 켜져 있는 경우도 있습니다. 예를 들면 컴퓨터가 출하될 때 이미 설치되어 컴퓨터 실행과 동시에 실행되도록 설정되어 있는 경우입니다. 그 밖에도 다른 프로그램을 설치할 때 같이 설치되는 프로그램도 있습니다. 이런 프로그램 대부분은 메모리 영역을 낭비하는 원인이므로 가능한 한 정지하는 것이 좋습니다. 이 기회에 현재 실행되고 있는 프로그램을 확인해 보세요.

현재 실행되고 있는 프로그램은 작업 관리자(Task Manager)를 통해 손쉽게 확인할 수 있습니다. 작업 관리자로는 이외에도 다음과 같은 작업을 수행할 수 있습니다.

- 현재 실행 중인 프로그램 상태(CPU 이용률, 메모리 사용량, 전력 소비 등) 확인
- 컴퓨터 성능 정보 확인
- 프로그램 사용 이력 확인
- 자동 실행되는 프로그램 확인 및 삭제
- 사용자의 컴퓨터 이용 상황 확인

작업 관리자를 실행한 뒤 현재 실행 중인 프로그램을 확인하거나 CPU나 메모리 사용 상황을 확인하는 방법은 다음과 같습니다.

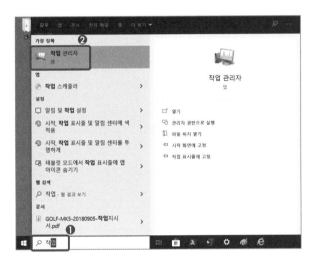

01 작업 표시줄의 검색 창에 '작업 관리자'를 입력합니다. 목록에서 '작업 관리자'를 선택합니다.

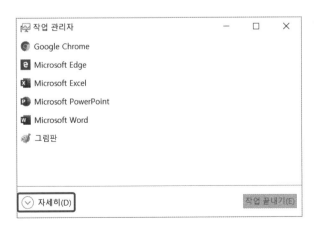

02 '작업 관리자'가 실행되면 '자세히'를 클릭합니다.

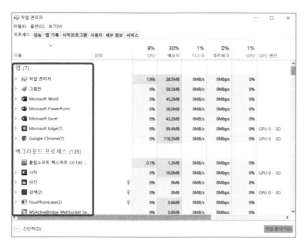

03 왼쪽 항목 목록에서 실행 중인 프로그램과 사용 상황 등을 확인할 수 있습니다.

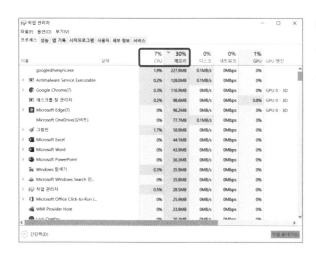

04 'CPU' 혹은 '메모리' 등의 열을 클릭하면 사용량순으로 프로그램을 정렬할 수 있습니다.

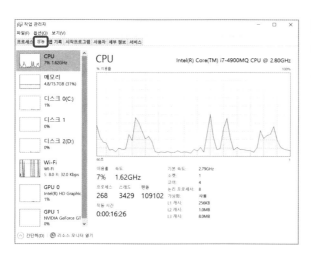

05 '성능' 탭으로 이동하면 CPU, 메모리 사용 상황을 그래프로 표시합니다.

38 디스크 정리로 컴퓨터 동작 속도를 높이자

컴퓨터를 정리하지 않은 채로 장기간 계속해서 사용하면 임시 파일 등 불필요한 데이터가 쌓여서 하드 디스크 데이터 저장 장소가 분산되기도 합니다. 이런 데이터를 삭제하거나 디스크를 정리하면 컴퓨터가 본래 성능을 내도록 할 수 있습니다.

> **MEMO**
> 저장 장소 분산은 주로 하드 디스크 드라이브(Hard Disk Drive, HDD)에서 발생합니다. 최근 저장 장소로 널리 사용되는 솔리드 스테이트 드라이브(Solid State Drive, SSD)에서는 이런 현상이 발생하지 않습니다.

컴퓨터의 동작이 느려진 느낌이 든다면 디스크 정리를 하는 것도 한 방법입니다. 디스크 정리는 윈도우에 기본 탑재된 '디스크 정리' 프로그램으로 실행할 수 있습니다.

▌디스크 정리하기

23쪽에서 불필요한 프로그램을 삭제해서 성능을 개선한 것처럼 불필요한 데이터는 정기적으로 삭제하는 것이 좋습니다. 디스크 정리를 실행해 불필요한 데이터를 삭제함으로써 성능을 개선하고 동시에 디스크 여유 공간을 확보할 수 있습니다.

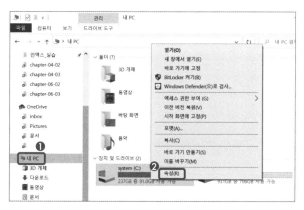

01 파일 탐색기를 열고 '내 PC'를 클릭합니다. 정리할 드라이브에서 마우스 오른쪽 버튼을 클릭한 뒤 '속성'을 선택합니다.

02 디스크 속성 화면이 표시됩니다. '일반' 탭을 클릭하고 '디스크 정리' 버튼을 클릭합니다.

03 디스크 정리 화면에서 '시스템 파일 정리' 버튼을 클릭합니다.

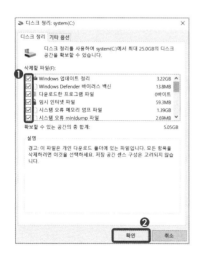

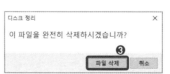

04 '삭제할 파일' 목록에서 모든 파일을 체크한 뒤 '확인' 버튼을 클릭합니다. 표시된 확인 대화상자에서 '파일 삭제' 버튼을 클릭하면 디스크 정리가 실행됩니다.

39 파일 자동 복구와 자동 저장으로 데이터를 확실하게 지키자

자동 복구 기능 사용하기

워드, 엑셀, 파워포인트에는 파일 자동 복구 기능이 있습니다. 운영체제나 프로그램이 동작을 멈춰(freeze) 프로그램을 강제 종료하거나, 수정 중인 파일을 저장하지 않았거나, 파일을 한 번도 저장하지 않고 종료한 경우 등 예기치 않은 상황이 일어나도 자동 복구 기능을 이용하면 최근 작업 상태에 가깝게 파일을 복구할 수 있습니다.

> **MEMO**
> 이제 설명할 자동 복구 기능을 활용하는 것도 좋지만, 무엇보다 애초에 확실히 파일을 저장하는 것이 중요합니다. 파일을 저장하려면 Ctrl + S 를 누르기만 하면 되므로 가능한 한 자주 저장을 하기 바랍니다. 이렇게 하면 재작업을 최소한으로 줄일 수 있습니다.

▌워드에서 파일 복구하기

자동 복구 기능으로 저장된 워드 파일은 '파일' 탭에서 '정보'의 '문서 관리'에서 복구할 수 있습니다. 엑셀에서는 '정보'의 '통합 문서 관리', 파워포인트에서는 '정보'의 '프레젠테이션 관리'에서 같은 작업을 수행할 수 있습니다.

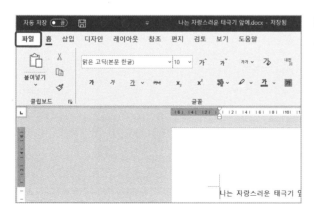

01 복구할 워드 파일을 열고 '파일' 탭을 클릭합니다.

02 왼쪽 메뉴에서 '정보'를 클릭합니다. '문서 관리'에 표시된 복구하려는 버전의 파일을 클릭합니다.

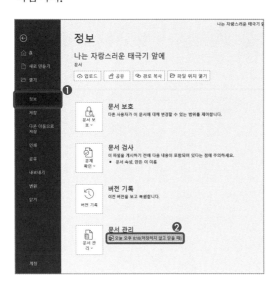

03 자동 복구되어 저장된 파일을 엽니다. 화면 위쪽에 메시지가 표시됩니다. '비교' 버튼을 클릭하면 저장 전과 저장 후 파일을 비교할 수 있습니다.

04 변경 이력과 각 파일을 비교해서 다른 부분을 확인할 수 있습니다.

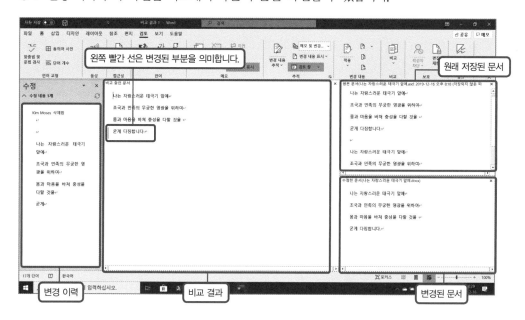

05 자동 저장된 파일 내용으로 원래 저장된 파일에 덮어써도 좋다면 '복원' 버튼을 클릭합니다.

06 아래 메시지가 표시되면 '확인' 버튼을 클릭합니다.

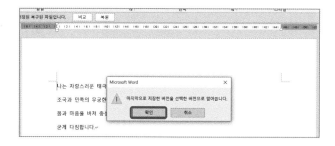

이처럼 자동 복구 기능으로 저장된 파일 내용으로 원래 파일을 덮어쓰면 파일을 완전히 복원할 수 있습니다.

자동 복구 기능으로 저장된 파일 내용으로 복원하고 싶지 않다면 임시 파일을 그대로 두어도 괜찮습니다. 혹은 '파일' 탭의 '문서 관리'에 있는 임시 파일에 마우스 오른쪽 버튼을 클릭한 뒤 '이 버전 삭제'를 선택해서 임시 저장 파일을 삭제합니다.

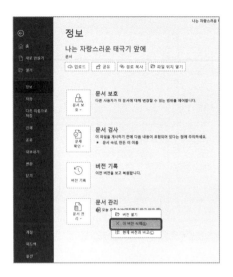

자동 저장 간격 변경하기

파일의 자동 저장 간격은 초기값이 10분으로 설정되어 있습니다. 10분은 너무 긴 간격이므로 가장 짧은 1분으로 변경할 수 있습니다. 단, 간격을 짧게 하면 그만큼 저장 횟수가 늘어나므로 컴퓨터 성능에 영향을 줄 가능성이 있습니다. 메모리 용량 등이 충분하지 않다면 간격을 짧게 설정해 보고 컴퓨터 상태를 확인하는 것이 좋습니다.

01 각 오피스 프로그램의 '파일' 탭에서 '옵션'을 클릭합니다.

02 옵션 화면에서 '저장'을 클릭합니다. '자동 복구 정보 저장 간격'에 '1'을 입력한 뒤 '확인' 버튼을 클릭합니다.

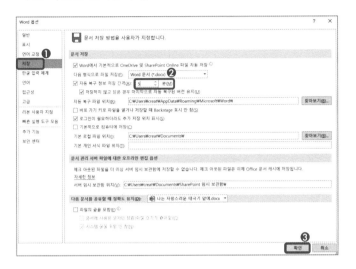

한 번도 저장하지 않은 파일 복원하기

작성 중인 파일을 한 번도 저장하지 않은 상태에서 프로그램이나 컴퓨터를 종료하더라도 자동 저장 기능을 활용해 작성 중이던 파일을 복원할 수 있는 경우가 있습니다.

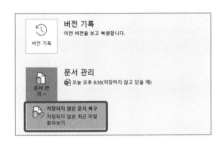

'파일' 탭의 옵션 화면에서 '문서 관리'를 클릭하면 '저장되지 않은 문서 복구' 메뉴가 표시됩니다. 이를 클릭하면 한 차례도 저장하지 않은 파일 목록이 표시되며, 여기서 원하는 파일을 찾아 복구할 수 있습니다.

중요한 데이터는 클라우드 저장소에 저장하기

오피스 프로그램의 자동 복구 기능은 대단히 도움이 되는 기능이지만 완벽하지는 않습니다. 파일 저장 장소인 디스크가 물리적으로 손상되면 파일을 복원할 수 없습니다. 절대로 사라져서는 안 되는 중요한 데이터는 디스크와 물리적으로 분리된 저장 장소에 보관해 두어야 합니다. 저는 클라우드 저장소에 그런 파일을 보관합니다. 구글 드라이브나 드롭박스 등 클라우드 저장소는 사용하던 컴퓨터가 고장나거나 디스크가 손상되더라도 아무 영향도 받지 않습니다. 데이터가 누락될 위험 또한 로컬 저장소에 비해 훨씬 작습니다.

40 컴퓨터가 갑자기 느려진다면 Windows 업데이트를 확인하자

최신 운영체제와 최신 웹브라우저를 사용하고 컴퓨터 사양도 문제가 없는데 컴퓨터가 느려진 적이 있나요? 저 또한 몇 개월에 한 번꼴로 그런 경우가 있습니다. 이럴 때는 작업 관리자를 실행해서 어떤 프로그램이 얼마나 메모리를 사용하고 있는지 확인해 봅니다. 실행한 기억이 없는 프로그램이나 불필요한 프로그램이 동작하고 있다면 해당 프로그램을 종료합니다.

그래도 성능이 개선되지 않는다면 백그라운드(background)에서 Windows 업데이트가 실행되고 있을 가능성이 있습니다. Windows 업데이트가 실행되고 있다면 걱정하지 않아도 좋습니다. 업데이트가 완료되면 컴퓨터 성능이 원래 상태로 돌아갈 것입니다. Windows 업데이트 동작 여부는 설정 화면에서 '업데이트 및 보안'의 'Windows 업데이트'에서 확인할 수 있습니다.

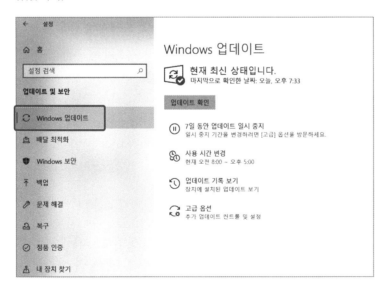

최고 효율을 달성하는
5가지 방법

41
간단한 협의는
메신저로 처리하자

사내에서 협의할 일이 있을 때 구두로 하는 경우가 많은가요? 혹은 이메일을 사용하는 경우가 많은가요? 제가 운영하는 회사에서는 팀 업무 소통 도구인 슬랙(Slack)을 도입해 직원들 사이의 간단한 협의는 모두 슬랙으로 진행하고 있습니다.

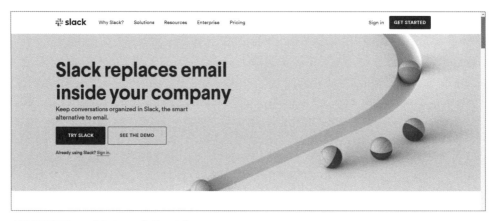

슬랙 웹사이트(https://slack.com/intl/en-kr)

'네', '아니오'와 같은 간단한 질의 응답을 하는 데 일부러 자리까지 만들 필요는 없을 뿐더러 이메일도 시간이 너무 많이 소요됩니다. 이런 경우 슬랙의 채팅 기능을 사용합니다. 채팅은 이메일보다 간단하고 빠르게 협의를 진행할 수 있습니다.

구글 본사에서 일을 하면서 미국 기업은 일본 기업에 비해 대단히 합리적이라는 것을 느꼈습니다. 업무의 본질이나 목적에서 벗어난 것에 시간과 노력을 들이지 않습니다. 누군가에게 확인하고 싶은 것이 있는 경우 일부러 회의 자리를 만드는 것과 같은 번거로운 일은 하지 않습니다. 메신저를 열고 '이렇게 하면 확실한 거죠?', '좋습니다' 같은 말로 끝냅니다. 대화 상대가 상사이든 선배이든 가리지 않습니다.

다만 메신저를 이용할 때 주의할 점이 한 가지 있습니다. 메신저 대화 상대와 한 번도 직접 만나보지 못했다면 채팅으로 의사소통할 때 오해가 발생할 수 있다는 사실입니다. 온라인에서만 협의를 하던 사람과, 직접 만나 이야기를 나눈 사람과의 거리감은 전혀 다릅니다. 채팅은 비교적 거리감이 가까운 사람과 협의를 할 때 유용합니다. 채팅으로 업무 협의를 하기 전에는 우선 한두 번 정도 직접 만나서 회의할 것을 권합니다. 실제 구글 본사에서도 직접 얼굴을 마주 보기 위한 회의를 연중 수차례 열고 있습니다.

> **NOTE**
>
> **다양한 업무 소통 수단**
>
> 최근 회사에서 이메일로 의사소통을 하는 데 막대한 시간이 걸린다는 인식이 퍼지면서 효율적으로 업무 소통을 하자는 목소리가 높아졌습니다. 이 과정에서 슬랙, 마이크로소프트 팀즈(Teams)와 스카이프(Skype), 구글 행아웃(HangOut) 등 업무 소통을 더욱 원활하게 도와주는 다양한 프로그램이 출시되었습니다. 여러분도 꼭 사용하기 쉬운 도구를 찾아 활용해 보세요.

42 장거리 이동 대신 화상 회의를 활용하자

구글은 전 세계 각지에 사무실을 두고 있기 때문에 일반적으로 화상 회의를 하고 있습니다. 구글은 캘리포니아 주 마운틴뷰에 위치한 본사를 비롯해 미국 내에만 20여 개의 지사를 운영하고 있습니다. 직접 대면 회의를 하려고 사무실들을 비행기로 이동한다면 그것만으로도 많은 시간과 비용이 소모됩니다. 게다가 마운틴뷰의 본사 자체도 다른 지사와 비교할 수 없을 만큼 넓습니다. 본사 안에서도 걸어서 이동하는 데 10분 이상 소요되기도 합니다. 이런 환경 요인 때문에 구글에서는 화상 회의를 매우 자연스럽게 사용했습니다.

여러분이 근무하는 회사는 어떤가요? 이동이나 출장을 위해 시간과 비용을 낭비하고 있지는 않나요? 일본의 많은 기업들은 주로 도쿄에 있습니다. 그 때문인지 화상 회의가 일상적으로 보급되어 있지는 않습니다. 확실히 같은 건물 안에 있으면 화상 회의가 필요 없을 것입니다. 하지만 본사와 지사, 회사 외부에 있는 사람과 회의하는 등 화상 회의가 유용한 여러 상황을 생각할 수 있습니다.

업무를 하다 보면 실제로 만나는 것이 중요하기는 하지만, 항상 얼굴을 마주 볼 필요는 없습니다. 화상 회의를 도입하면 1시간짜리 회의를 위해 몇 시간씩 이동하는 것과 같은 비용 낭비와 비효율을 줄일 수 있습니다.

저는 화상 회의 도구인 줌(Zoom)을 활용합니다. 최근 랩톱 컴퓨터에는 웹캠이 장착되어 있어 줌을 설치하기만 하면 즉시 화상 회의를 할 수 있습니다. 장소나 시간의 제약 없이 회의를 할 수 있으므로 매우 편리합니다. 꼭 한번 활용해 보세요.

화상 회의 도구 줌 공식 웹사이트(https://zoom.us/meetings)

 NOTE

다양한 화상 회의 도구

화상 회의 도구는 앞에서 설명한 줌 이외에도 다양합니다. 대표적인 화상 회의 도구로는 구글 행아
웃, 애플 페이스타임(FaceTime) 등이 있습니다.

43

구글 G Suite로
항상 최신 파일을 공유하자

최근 일본 대기업에서 G Suite(https://gsuite.google.com/intl/ko)가 급속하게 도입되고 있습니다. G Suite는 구글이 제공하는 비즈니스 도구 패키지입니다. G Suite에는 지메일 (Gmail), 구글 문서(Google Docs), 구글 캘린더(Google Calendar), 구글 드라이브(Google Drive) 등이 포함되어 있습니다.

G Suite로 대표되는 온라인 비즈니스 도구는 데이터를 보관·운용·개발하는 비용을 크게 줄일 수 있습니다. 군이 단점을 꼽자면 온라인 환경이 아닐 때 사용할 수 없다는 점입니다. 하지만 특수한 업무를 제외하면 네트워크에 연결되어 있지 않은 컴퓨터를 주로 사용하는 기업은 거의 없을 것입니다.

구글 문서 활용하기

구글 문서(https://docs.google.com)는 마이크로소프트 오피스의 워드, 엑셀, 파워포인트에 해당하는 문서(Docs), 스프레드시트(Sheets), 프레젠테이션(Slides)을 제공합니다. 구글 문서는 어떤 장점이 있을까요? 우선 언제 어디서든 실시간으로 문서를 확인하고 수정할 수 있습니다. 또한 컴퓨터뿐만 아니라 스마트폰이나 태블릿에서도 문서에 접근할 수 있습니다.

여러 사람이 공동으로 작업할 수 있으며 이메일에 문서 파일을 첨부할 필요가 없습니다. 문서의 버전 관리도 자동으로 이루어집니다. 파일을 변경하는 순간 이력이 저장되며 최신 버전에서 이전 버전으로 거슬러 올라가며 수정할 수도 있습니다. 이런 경우를 대비해 따로 백업을 할 필요도 없습니다.

구글 문서는 마이크로소프트 오피스 제품과도 호환되기 때문에 온라인에서 작성하고 수정한 파일을 다운로드해서 로컬 컴퓨터에서 편집할 수도 있습니다.

이렇듯 구글 문서의 장점이 많지만 기존의 업무 방식을 하루 아침에 새롭게 바꾸기란 그리 간단하지 않습니다. 그래서 한 가지 접근 방식을 추천할까 합니다. 예를 들면 팀에서 회의록을 구글 문서로 작성해 공유하는 것부터 시작해 보면 어떨까요? 그러면 팀원들 사이에 '좋은데요?'라는 의견들이 조금씩 생겨날 것입니다. 우선 여러분이 시험해 보고 장점을 느껴 보세요. 모든 변화는 거기에서 시작합니다.

▍구글 문서 다루기

구글 문서를 실제로 조작해 보겠습니다. 먼저 구글 계정으로 로그인해서 구글 문서의 문서 화면을 열면 다음과 같이 표시됩니다. '내용 없음'으로 표시된 아이콘을 클릭합니다.

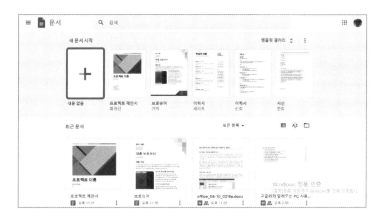

새 문서 작성 화면이 표시되어 해당 화면에서 문서를 작성할 수 있습니다. 예시로 다음과 같은 문서를 작성했습니다.

워드만큼 다양한 기능을 제공하지는 않지만 기본 기능은 확실하게 제공합니다. 또한 기본적인 조작 방법도 워드와 거의 같습니다.

▍구글 문서 공유하기

구글 문서는 여러 사용자와 공유해서 공동 작업을 할 수 있습니다. 변경한 부분에는 댓글을 달 수 있으며 정보 공유도 원활하게 진행됩니다. 문서에서 원하는 부분을 선택하거나 문자 커서를 둔 상태에서 '삽입' ➡ '댓글'을 선택해서 댓글을 작성합니다. 상대방이 입력한 댓글을 확인할 수 있을 뿐만 아니라 댓글을 추가하거나 답글을 달 수 있습니다.

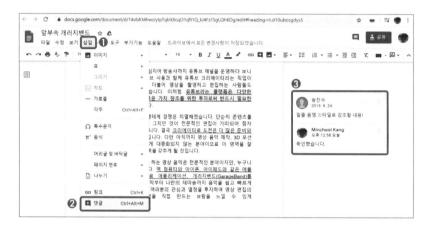

또한 문서를 수정할 때마다 변경 이력이 자동으로 저장됩니다. '파일' ➡ '버전 기록' ➡ '버전 기록 보기'를 선택해서 변경 내용을 확인하거나 이전 버전으로 되돌릴 수 있습니다.

작성한 문서를 자신의 컴퓨터에 다운로드하려면 저장 장소인 '내 드라이브'에 있는 파일 아이콘에서 마우스 오른쪽 버튼을 클릭한 뒤 표시되는 메뉴에서 '다운로드'를 선택합니다.

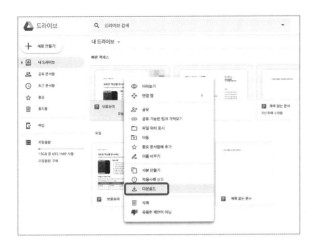

구글 문서는 분류별로 검색을 쉽고 빠르게 수행할 수 있습니다. 구글 드라이브의 파일 역시 90쪽에서 소개한 파일 이름 원칙을 활용하면 거의 모든 파일을 즉시 찾아낼 수 있습니다.

구글 문서는 컴퓨터로 다운로드한 뒤 워드에서 열고 수정할 수도 있습니다.

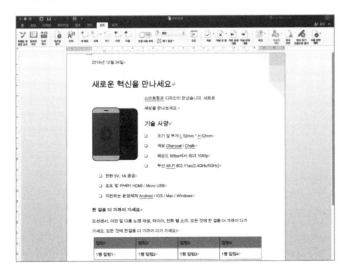

44 구글 캘린더로 일정을 철저히 관리하자

제 회사에서는 모든 직원이 일정을 구글 캘린더(https://calendar.google.com)로 공유해 관리하고 있습니다. 구글 캘린더의 가장 큰 장점은 모든 직원의 일정을 한눈에 파악할 수 있다는 점입니다. 구글 캘린더로 전환한 뒤에는 회의 일정을 조정하기 쉬워졌습니다.

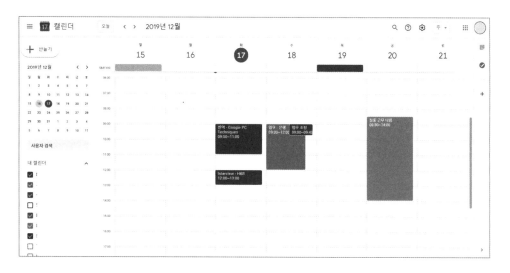

모든 직원의 캘린더를 공유하고 비어 있는 시간을 찾아 회의 일정을 넣습니다. 필요하다면 자료를 첨부할 수도 있으며, 참석 확인 여부 또한 캘린더로 관리할 수 있습니다. 그래서 일일이 돌아다니며 각자 일정이 비어 있는지 확인할 필요도 없고 전체 이메일을 보내서 일정을 조정할 필요도 없습니다. 일정 조정뿐 아니라 자료 배포, 참석 확인까지 모두 온라인에서 완료할 수 있기 때문입니다. 또한 구글 캘린더에는 회의 참석자들의 빈 일정을 추천하는 기능도 포함되어 있어 비어 있는 시간을 찾는 수고조차 필요 없습니다.

구글 캘린더를 이용해 효과적으로 시간을 관리하려면 회의 일정 이외에 업무 일정도 입력해 두어야 합니다. 예를 들어 가까운 시일에 프레젠테이션이 예정되어 있어, 전날 발표 준비

시간을 확보하려면 캘린더에 '자료 작성' 등의 개인 업무 일정도 넣어 두는 것이 좋습니다. 왜냐하면 캘린더에 공백이 있으면 다른 직원이 보기에 해당 시간에는 아무 예정이 없고 회의가 가능한 시간으로 인식되기 때문입니다. 구글 캘린더를 도입할 때는 이처럼 기존의 오프라인 업무 일정과 다르다는 점을 모든 구성원들이 이해해야 합니다. 덧붙여 제 회사에서는 캘린더를 비워둔 채 '사실 이때는 바빠서 회의에 참석할 수 없습니다'와 같은 핑계를 일체 인정하지 않습니다. 철저한 일정 관리가 중요합니다.

구글 캘린더를 사용하면 여러 사람이 일정을 공유하고 일괄적으로 관리할 수 있습니다. 때문에 어느 날짜, 어느 시간에 누구의 일정이 비어 있는지 일목요연하게 알 수 있습니다. 지금까지 사용해 보지 않은 사람이라면 이 기회에 꼭 사용해 보세요.

45 클라우드를 활용하는 지메일로 이메일 업무를 처리하자

지메일은 G Suite에 포함되어 있는 비즈니스 이메일 도구입니다. 지메일은 대기업뿐만 아니라 많은 스타트업에서도 폭넓게 사용되고 있습니다. 물론 저 개인적으로도, 회사에서도 지메일을 기본 이메일로 사용하고 있습니다.

여러분 중 집이나 혹은 지하철처럼 회사 밖에서 일을 하는 경우가 있나요? 지메일을 사용하면 언제 어디서든 이메일을 받고 확인하거나 보낼 수 있습니다. 또한 여러 계정이나 여러 기기를 사용하는 경우에도 모든 계정을 지메일로 관리할 수 있습니다. 기기별로 일일이 이메일 설정을 할 필요가 없이 웹브라우저 하나로 모든 작업이 끝납니다.

지메일의 기능과 성능은 그동안 비약적으로 향상되어 아웃룩의 기능 대부분을 지메일에서도 활용할 수 있습니다. 지메일은 스팸 이메일 필터 기능이 우수하고 풍부한 단축키를 제공하기 때문에 네트워크에 연결되어 있다면 효율적으로 이메일을 처리할 수 있습니다.

지메일은 이메일을 검색하기도 편할 뿐 아니라 이메일 주소 추천 기능도 제공하기 때문에 저는 지금까지 이메일 주소록을 만든 적이 없습니다. 검색 기능이나 이메일 수발신 이력을 활용해 원하는 이메일 주소를 쉽게 찾을 수 있습니다. 지메일을 활용해 협의를 진행한 내용은 저에게 더없이 소중한 자산입니다. 스팸 이메일 외에는 지금까지 쌓인 이메일을 삭제한 적이 한 번도 없습니다.

이메일 작성, 송수신, 답장 등 기본 조작 방법은 아웃룩과 거의 같습니다. 이메일을 작성하려면 메인 화면 왼쪽 위 '편지쓰기'를 클릭합니다.

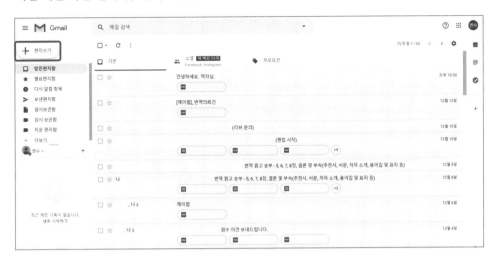

이메일 작성 창이 표시됩니다. 내용을 작성하면 하단 왼쪽에 '보내기' 버튼을 클릭해 이메일을 발신합니다.

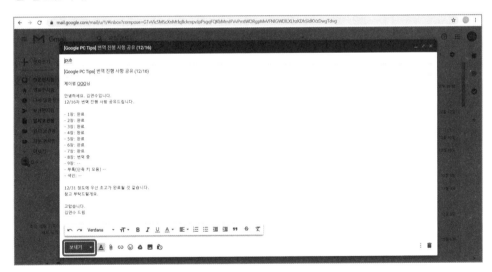

▌지메일 단축키 설정하기

메인 화면 오른쪽 위 '설정' 버튼을 클릭한 뒤 '기본설정' 탭의 '단축키'에서 '키보드 단축키
사용'에 체크하면 단축키를 사용할 수 있습니다.

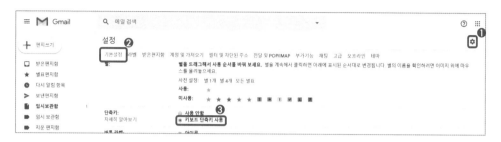

▌제가 자주 사용하는 단축키

동작	단축키
새 스레드로 이동하기	K
이전 스레드로 이동하기	J
별표 붙이기/지우기	S
이메일 열기	O 또는 Enter
다음 메시지로 이동하기	N
이전 메시지로 이동하기	P

참고 URL: https://support.google.com/mail/answer/6594?hl=ko

▌라벨을 사용해 폴더 구분하기

이메일 분류 및 관리를 하려면 '새 라벨 만들기'를 클릭해 새 라벨을 만듭니다. 만든 라벨에
이메일을 드래그&드롭해서 구분할 수 있습니다.

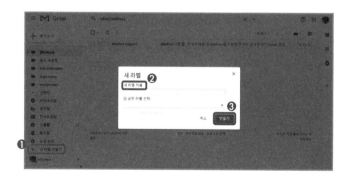

검색 항목 범위 지정하기

키워드 검색 이외에도 수신자, 제목, 기간 등으로 검색 범위를 지정해 메일을 필터링할 수
있습니다.

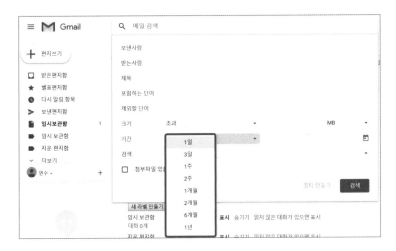

휴가 등 부재 시 편리한 부재중 자동응답 기능

'기본설정' 탭에서 '부재중 자동응답 켜기'를 선택하면 이메일 수신 시 자동으로 답장 이메일
이 발송됩니다.

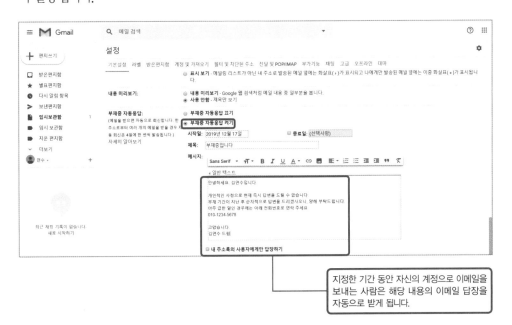

지정한 기간 동안 자신의 계정으로 이메일을
보내는 사람은 해당 내용의 이메일 답장을
자동으로 받게 됩니다.

APPENDIX

일잘러의 단축키

프로그램별 단축키 목록

▌엑셀

▶ 행/열

삭제	Ctrl + −
삽입	Ctrl + +
행 선택	Shift + Space
열 선택	Ctrl + Space

▶ 찾기/바꾸기

찾기	Ctrl + F
바꾸기	Ctrl + H

▶ 복사/붙여넣기

복사 및 붙여넣기	복사 후 Enter
위쪽 셀 복사 및 붙여넣기	Ctrl + D
왼쪽 셀 복사 및 붙여넣기	Ctrl + R
서식 선택해서 복사 및 붙여넣기	복사 후 Ctrl + Alt + V

▶ 글꼴

굵게	Ctrl + B
밑줄	Ctrl + U
기울임꼴	Ctrl + I

▶ 수식

절대 참조로 바꾸기	셀 주소에 문자 커서를 둔 상태에서 F4

▶ 셀

1페이지만큼 위로 스크롤	PageUp
1페이지만큼 아래로 스크롤	PageDown
맨 처음 셀로 이동	Ctrl + Home
맨 마지막 셀로 이동	Ctrl + End
가장 가까운 빈 셀로 이동	Ctrl + ↑ / ↓ / ← / →
오른쪽 셀로 이동	Tab
셀 값 수정	F2
같은 데이터 입력	Alt + ↓

▶ 입력

현재 날짜 입력하기	Ctrl + ;
현재 시각 입력하기	Ctrl + Shift + ;

▶ 기타

직전 수행한 작업 다시 수행하기	F4

▌지메일

▶ 조작

이메일 열기	`O` 또는 `Enter`

▶ 이동

새 스레드로 이동	`K`
이전 스레드로 이동	`J`
다음 메시지로 이동	`N`
이전 메시지로 이동	`P`

▶ 별표

별표 붙이기	`S`
별표 없애기	`S`

▌아웃룩

▶ 조작

새 이메일 작성	`Ctrl`+`N`
보내기	`Alt`+`S` 또는 `Ctrl`+`Enter`
답장	`Ctrl`+`R`
전체 답장	`Ctrl`+`Shift`+`R`
전달	`Ctrl`+`F`
삭제	`Delete`
신규 이메일 수신	`Ctrl`+`M`
선택한 이메일 표시	`Enter`

▶ 이동

다음 메시지 보기	↓
이전 메시지 보기	↑
1페이지만큼 스크롤	Space
입력 필드 이동	Tab

▶ 검색

검색 창으로 이동	Ctrl + E

▌파워포인트 및 워드

▶ 글꼴

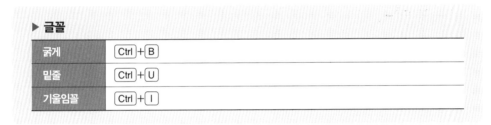

굵게	Ctrl + B
밑줄	Ctrl + U
기울임꼴	Ctrl + I

▌윈도우 운영체제 조작

▶ 파일 탐색기

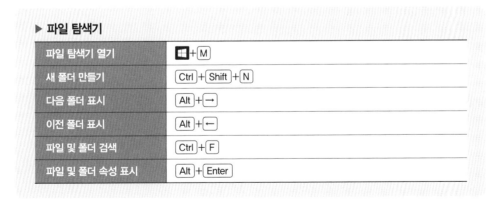

파일 탐색기 열기	⊞ + M
새 폴더 만들기	Ctrl + Shift + N
다음 폴더 표시	Alt + →
이전 폴더 표시	Alt + ←
파일 및 폴더 검색	Ctrl + F
파일 및 폴더 속성 표시	Alt + Enter

▶ 바탕 화면

화면 잠금	⊞ + L

▶ 창

작업 창 전환	Alt + Tab
창 닫기	Ctrl + W
모든 창 최소화	⊞ + M
작업 창 최대화	⊞ + ↑
작업 창 최소화	⊞ + ↓
윈도우 좌우로 정렬	⊞ + ← / →

▶ 문자 조작

행의 첫 글자로 이동	Home
행의 마지막 글자로 이동	End
문장의 첫 글자로 이동	Ctrl + Home
문장의 마지막 글자로 이동	Ctrl + End
한 단어만큼 이동	Ctrl + ← / →
한 단어만큼 선택(선택 해제)	Ctrl + Shift + ← / →
커서 위치에서 행 첫 글자까지 선택	Shift + Home
커서 위치에서 행 마지막 글자까지 선택하기	Shift + End

▌웹브라우저 조작

▶ 창

새 창 열기	Ctrl + N

▶ 탭

새 탭 열기	Ctrl + T
현재 탭 닫기	Ctrl + W
오른쪽 탭으로 이동	Ctrl + Tab
왼쪽 탭으로 이동	Ctrl + Shift + Tab
직전에 닫은 탭 열기	Ctrl + Shift + T

▶ 검색

페이지 내용 검색	Ctrl + F

▶ 기타

1페이지만큼 아래로 스크롤	Space
1페이지만큼 위로 스크롤	Shift + Space
이전 페이지로 이동	Alt + ←
다음 페이지로 이동	Alt + →
홈 페이지로 이동	Alt + Home
주소 창 문자열 선택	Alt + D

찾아보기